Susanne Dannhorn

Wenn **Eltern** und **Kinder** kein **Deutsch** verstehen …

Mehrsprachige Elternbriefe und Übersetzungshilfen für den Unterricht mit Migrantenkindern

Impressum

Titel:	**Wenn Eltern und Kinder kein Deutsch verstehen …**
	Mehrsprachige Elternbriefe und Übersetzungshilfen
	für den Unterricht mit Migrantenkindern
Autorin:	Susanne Dannhorn
Übersetzungen:	Nezihe Erdoğdu (Türkisch)
	Julia Wagenblaß (Russisch)
	Natalia Rakszewska (Polnisch)

Im Download:

Sandra Čatak-Radoš (Bosnisch/Kroatisch)
Aleksandra Zimmermann (Serbisch)
Abderrazak Habibi (Arabisch)

Druck:	Druckerei Uwe Nolte, Iserlohn
Verlag:	Verlag an der Ruhr

Alexanderstraße 54 – 45472 Mülheim an der Ruhr
Postfach 10 22 51 – 45422 Mülheim an der Ruhr
Tel.: 02 08 / 439 54 50 – Fax: 02 08 / 439 54 239
E-Mail: info@verlagruhr.de
www.verlagruhr.de

© Verlag an der Ruhr 2007
ISBN 978-3-8346-0271-8

geeignet für die Klasse **1 2 3 4** 5

Der Verlag hat die Übersetzungen in diesem Werk durch verschiedene Personen sorgfältig und verantwortungsbewusst prüfen lassen. Sollten Sie feststellen, dass die Textlängen in den verschiedenen Sprachen variieren, ist dies auf eine sinngemäße Übersetzung zurückzuführen, da sich nicht immer alle Wendungen, Wörter und Fachbegriffe eins zu eins aus dem Deutschen in eine andere Sprache übertragen lassen.

Gedruckt auf chlorfrei gebleichtes Papier.

Die Schreibweise der Texte folgt der neuesten Fassung der Rechtschreibregeln – gültig ab August 2006.

Inhaltsverzeichnis

In einer Zeit, in der die Integrationsbemühungen verstärkt auf Sprachförderung im Elementarbereich und auf Deutschkurse für Eltern mit Migrationshintergrund setzen, erscheint ein **mehrsprachiger Ratgeber** für den schulischen Alltag vielleicht erst einmal ungewöhnlich oder sogar überflüssig.

Natürlich würde er sich erübrigen, wenn alle Schüler* und Eltern über ausreichende Deutschkenntnisse verfügten, um den Schulalltag in Deutschland meistern zu können.

Die schulische Realität sieht jedoch anders aus: Besonders in Stadtteilen mit einem hohen Anteil von Menschen aus Zuwandererfamilien sind sehr große Sprachbarrieren vorhanden, die das schulische Lernen behindern und einer erfolgreichen Teilhabe an unserer multikulturellen Gesellschaft im Wege stehen.

Es steht außer Frage, dass hier angesetzt werden und Sprachförderung bei Schülern und Eltern an erster Stelle stehen muss, um die Basis für **Integration** zu schaffen.

Aber bis diese Maßnahmen den gewünschten Erfolg erzielen, werden noch viele Kinder mit Migrationshintergrund das deutsche Schulsystem durchlaufen und dabei mit den **eigenen Sprachproblemen** und/oder denen **ihrer Eltern** kämpfen.

Es liegt in der pädagogischen Verantwortung jedes Lehrers, das schulische Lernen auch dieser Schüler so optimal wie möglich zu gestalten.
Das vorliegende Buch möchte dazu eine **Hilfestellung** leisten, indem es Ihnen Informationen zu verschiedenen Herkunftsländern und Unterrichtsanregungen für ein interkulturelles Miteinander anbietet, Tipps für die (interkulturelle) Elternarbeit liefert und zu verschiedensten Themen Übersetzungen deutscher Elternbriefe und -mitteilungen gibt, die es Ihnen erleichtern sollen, diejenigen Eltern direkter anzusprechen, die noch über unzureichende deutsche Sprachkenntnisse verfügen.

Ich habe es in der Vergangenheit oft bedauert, dass meine eigenen fremdsprachlichen Kompetenzen nicht so weit gingen, als dass ich alle Informationen in der Form hätte transportieren können, wie ich es gerne gewollt hätte.

Defizite bei Hausaufgaben, Ausstattung mit Materialien oder eine geringe Beteiligung bei schulischen Aktionen und Angeboten werden oft als Desinteresse am Lernweg des Kindes ausgelegt. Vielfach sind sie jedoch lediglich das Resultat **sprachlicher Verständnisprobleme**.

Nach meinen Erfahrungen mit Schülern und Eltern aus Zuwandererfamilien können schon **wenige Wörter in der jeweiligen Muttersprache echte Türöffner** sein. Das verwundert nicht, wenn man sich selbst in Erinnerung ruft, wie glücklich ein paar heimatliche Sprachklänge stimmen können, wenn man im Ausland überwältigt von einer Flut völlig unverständlicher Sätze kurz vor der Resignation steht. Dabei ist es völlig unerheblich, wie korrekt die Wörter ausgesprochen werden oder wie vollkommen die an uns gerichteten Sätze in ihrer grammatikalischen Struktur sein mögen. Die wenigen Wörter in der Muttersprache sind ein kleines Stück Heimat, das dazu beiträgt, sich ein bisschen wohler zu fühlen.

Sie sollen durch dieses Buch auch **befähigt** werden, im Unterricht einige Wörter der Erstsprache der Schüler einzustreuen und dadurch zu signalisieren: „Ihr seid willkommen." Ein **Nebeneffekt** ist, dass sich der Gebrauch der Muttersprache im Unterricht reduziert, weil die Schüler nicht einschätzen können, wieviel der Lehrer versteht, und deshalb der Aspekt der „Geheimsprache" verloren geht.

Darüber hinaus kann ich berichten, dass die Ansprache in der jeweiligen Muttersprache auch **positive Auswirkungen** auf die deutschsprachigen Schüler hat. Diese sind sehr interessiert, zu erfahren, was die entsprechenden Sätze heißen, und erweitern so ganz nebenbei auch ihre fremdsprachlichen Kompetenzen. Die verschiedenen Sprachen und der Sprachvergleich regen die Kommunikation untereinander an, die zunächst oft noch mit viel erklärender Gestik begleitet wird. So entsteht gegenseitiges Interesse, was eine gute Basis für ein harmonisches Miteinander darstellt.

Die Entscheidung für die **ausgewählten Sprachen** wurde von folgenden Überlegungen beeinflusst: **Russisch** hat vor allem seit Gorbatschows Perestroika an Bedeutung gewonnen, nachdem zahlreiche deutschstämmige Spätaussiedler nach Deutschland zurückgekehrt sind. Obwohl sie in der ehemaligen UdSSR erstaunlicherweise über Jahrzehnte eine deutsche Sprachkultur pflegen konnten, vollzogen sich institutionelle Geschehnisse in russischer Sprache; das entsprechende schulische „Spezialvokabular" ist in der Regel nicht präsent.

** Aus Gründen der besseren Lesbarkeit haben wir in diesem Buch durchgehend die männliche Form verwendet. Natürlich sind damit auch immer Frauen und Mädchen gemeint, also Lehrerinnen, Schülerinnen etc.*

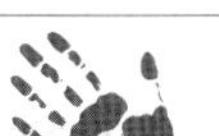

Mit den Sprechern des **Türkischen** verbindet sie ein Umstand, der oft in populistische Schlagworte wie Parallelgesellschaft oder Ghettobildung gefasst wird. Festzustellen ist, dass besonders diese beiden Gruppen dazu neigen, eigene Gemeinden zu bilden, innerhalb deren muttersprachliche Kenntnisse ausreichend sind, um in Deutschland zurechtzukommen, ohne sich mit der Landessprache auseinanderzusetzen.

Nicht zuletzt war natürlich der **statistische Bevölkerungsanteil** in der deutschen Gesellschaft ausschlaggebend. Aus unvermeidlichen ökonomischen Gründen mussten wir für die Druckversion diese Auswahl an Sprachen und treffen:

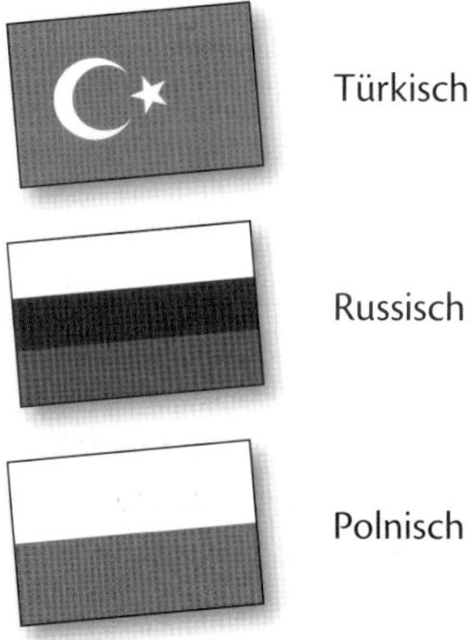

Türkisch

Russisch

Polnisch

Um die Orientierung in den fremdsprachlichen Briefen zu erleichtern, finden Sie unter den auszufüllenden Lücken deutschsprachige Hinweise (z.B. Name des Kindes). So lässt sich leicht auch Nichtzutreffendes streichen.

Zuletzt möchte ich all jenen danken, die dazu beigetragen haben, dieses Buch – welches mir sehr am Herzen liegt – zu realisieren. Da ist zunächst meine **Familie** zu nennen, die das Vorhaben mit viel Interesse begleitete und mich bei der Suche nach Übersetzern unterstützte. Meine Freundinnen **Stefanie** und **Anja** stellten die Kontakte zu **Nezihe** und **Sandra** her, die die Übersetzungen in die türkische, bosnische und kroatische Sprache leisteten. Anja unterstützte mich außerdem bei sprachlichen Fragen in Bezug auf die Balkansprachen, mein Mann Pascal bei entsprechenden Fragen, das Türkische betreffend.

Den Übersetzerinnen **Nezihe**, **Julia**, **Natalia** und **Sandra** gilt besonderer Dank. Sie waren mit viel persönlichem Engagement und Idealismus dabei und unterstützten mich in der Überzeugung, dass solch ein Buch wichtig ist.

Die Arbeit war für mich in vielerlei Hinsicht gewinnbringend, ich habe sowohl meine sprachlichen Fähigkeiten als auch meinen kulturellen Horizont ausgebaut und hoffe, Ihnen ein Stück davon weitergeben zu können.

Susanne Dannhorn

Inhalt der Downloadversion

Weitere Sprachen sind im Download unter www.verlagruhr.de erhältlich:

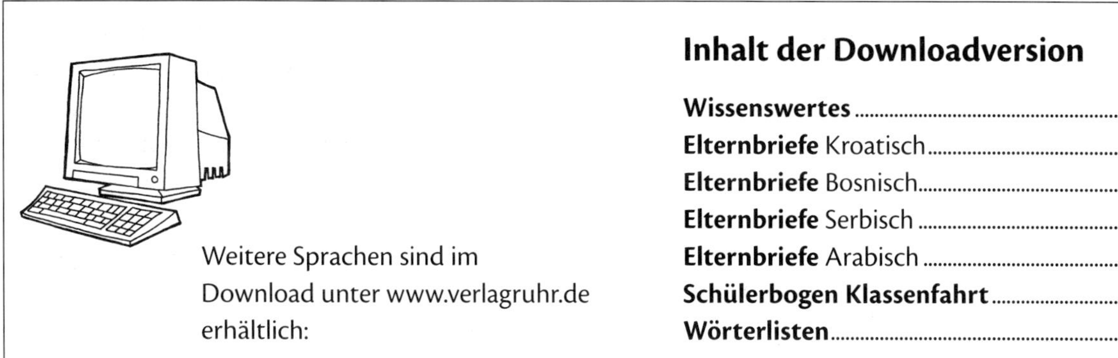

Der **erste Teil** (S. 9 – 26) dient der allgemeinen Information über die Arbeit mit Zuwandererfamilien aus den ausgewählten Ländern. Einleitend bekommen Sie einen Überblick über die wichtigsten **Aussprache-Regeln**, werden sensibilisiert für Rechtschreibprobleme zweisprachiger Schüler und finden eine Auflistung gebräuchlicher **Schimpfwörter**. Es schließen sich konkrete **Tipps für die (interkulturelle) Elternarbeit** und Hilfen für verschiedene Konfliktsituationen (Schullandheim etc.) an. Des Weiteren erhalten Sie einen Einblick in die zentralen **Feste und Feiern** in den ausgewählten Ländern und bekommen vielfältige Unterrichtsanregungen, wie sich diese im Unterricht aufgreifen lassen können.

Der **zweite Teil** des Buches (S. 28 –137) umfasst **Elternbriefe und -mitteilungen** zu verschiedensten Themen. Die deutschen Fassungen dieser Briefe finden Sie auf den Seiten 27 – 53. Mit der Seite „Ausfüll-Hilfe" (S. 54) sehen Sie, wie die entsprechenden Lücken von Ihnen ausgefüllt werden müssen, um die Briefe zu personalisieren und dem jeweiligen Anlass entsprechend anzupassen. Zusätzlich zu den Briefen und Mitteilungen wurden zwei **Informationstexte** aufgenommen, die den Eltern unser Schulsystem (**Weiterführende Schulen***, S. 50/51) sowie die verschiedenen Mitwirkungsgremien innerhalb der Schule erklären (**Eltern und Schule**, S. 39).

Auf den Seiten 55 –137 finden Sie die **Übersetzungen der deutschen Elternbriefe** in die türkische, russische und polnische Sprache. Die Übersetzungen ins Kroatische, Bosnische, Serbische und Arabische erhalten Sie im Download (s.S. 7). Dort finden Sie auch einfache Lieder aus den verschiedenen Ländern mit entsprechenden Unterrichtsanregungen.

Formulierungen in den Briefen wurden den Konventionen der verschiedenen Länder angepasst. So würde z.B. die bei uns geläufige Grußformel „Viele Grüße" in anderen Ländern nicht in diesem Kontext gebraucht werden – man wählt hier einen förmlicheren Ausdruck. Auch die Anrede „Liebe Eltern" ist eher unüblich.

Auf den **Seiten 139 – 143** finden Sie noch einen **Schülerbogen für die Klassenfahrt**, in welchen die Eltern die wichtigsten Informationen zu ihrem Kind eintragen (z.B. Telefonnummern, Impfungen, Allergien). Dieser lässt sich natürlich nicht nur für eine Klassenfahrt anlegen und nutzen.

Im **letzten Teil** des Buches (S. 145 – 167) werden mehrsprachige **Wörterlisten** zu unterschiedlichen Kategorien angeboten, aus denen Sie für die Elternbriefe die entsprechenden Ausdrücke auswählen und einsetzen können. Außerdem bietet das **Glossar „Schule von A–Z"** (S. 158–166) eine Sammlung gebräuchlicher schulischer Fachausdrücke und ihrer Erklärung auf Deutsch und in den verschiedenen Herkunftssprachen. Sie können diese den Eltern kopieren und so das Schuldeutsch ein wenig transparenter werden lassen. Die Liste bietet sich auch für deutschsprachige Eltern an.

Die **Wörterliste „Classroom language"** (S. 148 – 152) enthält die Übersetzung wichtiger Ausdrücke für den Unterrichtsalltag sowie deren Aussprache. Sie ermöglicht Ihnen, bei Bedarf Informationen in der jeweiligen Muttersprache zu geben. Dies sollte natürlich nicht zum Regelfall werden, da Ihre Schüler letztendlich ja lernen sollen, die deutschen Anweisungen zu verstehen.

---

* *Dabei wurde von einer vierjährigen Grundschule, wie sie in den meisten Bundesländern existiert, ausgegangen. Die Informationen müssten z.B. für die Bundesländer Berlin und Brandenburg entsprechend verändert werden.*

Wissenswertes

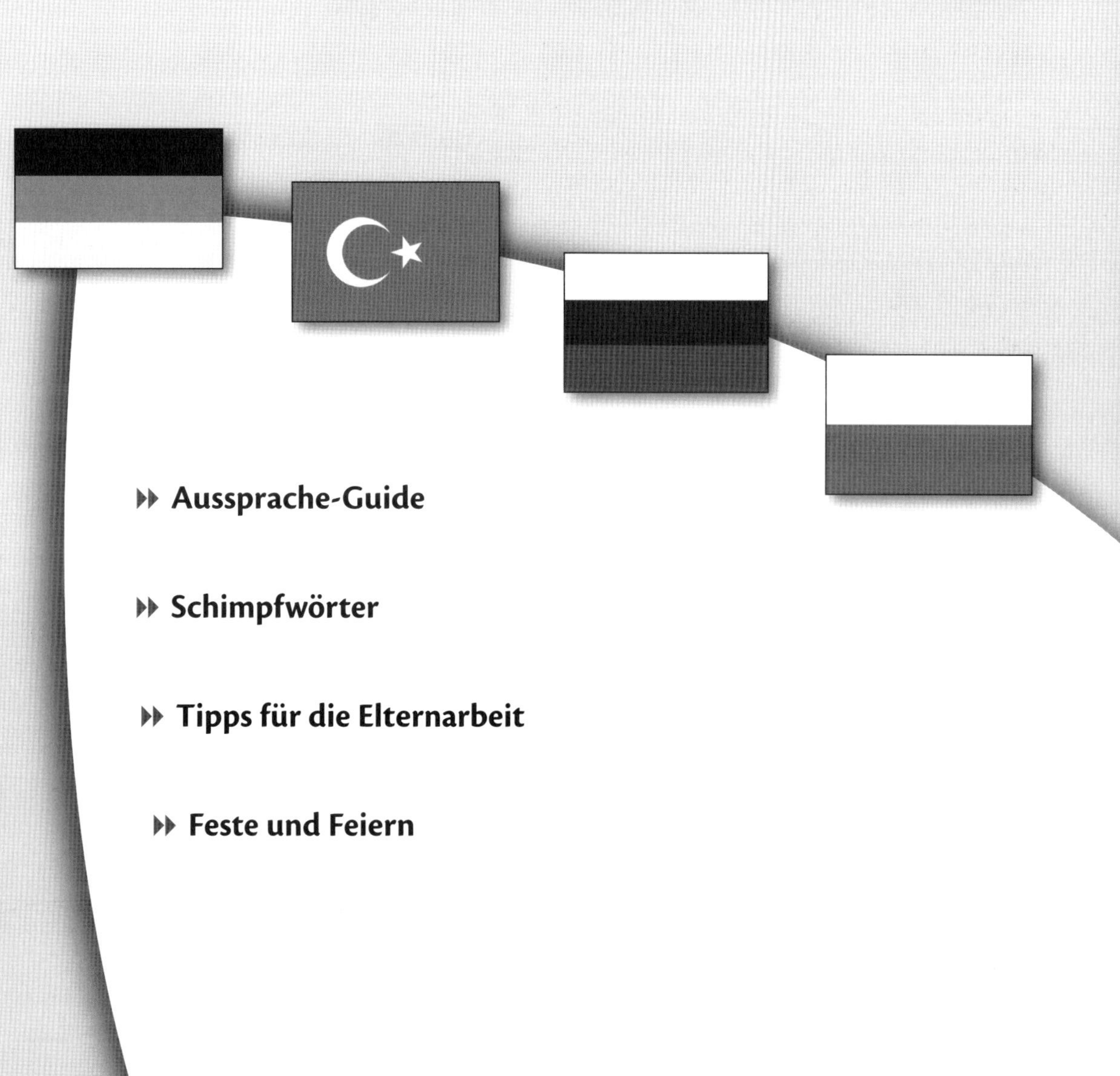

- ▶▶ **Aussprache-Guide**

- ▶▶ **Schimpfwörter**

- ▶▶ **Tipps für die Elternarbeit**

- ▶▶ **Feste und Feiern**

Nachfolgend werden die wichtigsten Besonderheiten der einzelnen Sprachen erläutert, um es Ihnen zu ermöglichen, Wörter in der Fremdsprache relativ verständlich auszusprechen. Dabei steht sicherlich das Bemühen im Vordergrund und nicht das Streben nach Perfektion. Hemmungen sollten Sie entgegenwirken, indem Sie sich in Erinnerung rufen, dass auch Sie sich über jedes deutsche Wort freuen, das Ihre nicht-deutschsprachigen Schüler oder Eltern benutzen, auch wenn die Aussprache nicht völlig normgerecht ist. Rechnen Sie damit, dass Ihre Schüler auch einmal über Sie lachen werden.

Lachen Sie mit und lassen Sie sich verbessern. Für die Kinder ist es eine tolle Erfahrung, einmal Ihr Lehrer sein zu können.

Bei den Schimpfwörtern (S. 14 – 16) und der Classroom language (S. 148 – 152) finden Sie hinter jedem Ausdruck die entsprechende Aussprache, sodass Sie sich nicht erst lange die Regeln in Erinnerung rufen müssen. Ich habe mich aus Gründen der besseren Lesbarkeit für eine einfache Transkription der Laute (so wie man sie spricht) entschieden, anstelle der sicherlich korrekteren Internationalen Phonetischen Lautschrift (IPA).

Türkisch

Das Türkische hat im Gegensatz zum Deutschen eine sehr lautgetreue Rechtschreibung, d.h., alles wird so gesprochen, wie es geschrieben wird. Fast alle Laute haben eine deutsche Entsprechung, lediglich ein paar neue Buchstaben und ihre Aussprache gilt es zu lernen. Die Buchstaben ä, q, ß, w, und x gibt es im Türkischen nicht.

Übersicht über die Buchstaben, die anders ausgesprochen werden als im Deutschen:

Türkischer Buchstabe	Aussprache
c	dsch
e	ä
h	im Anlaut wie deutsches „h": *horoz*, der Hahn, im Auslaut wie deutsches „ch" in „ich": Mehmet – *Mechmet*
j	dsch, wie in Pyjama oder Jogging: *püjama, jogging*
s	wie deutsches „ß", auch am Wortanfang: *sus!* (Schweig!)
v	wie deutsches „w": *var* (es gibt)
y	wie deutsches „j", wie in „Jogurt": *yok* (es gibt nicht)
r	Zungen-R (gerollt)
z	wie stimmhaftes, deutsches „s", wie in Vase: *kuzu* (Lamm)

Übersicht über die Buchstaben, die es im deutschen Alphabet nicht gibt:

Türkischer Buchstabe	Aussprache
ç	wie deutsches „tsch" wie in Matsch: *çok* (sehr, viel)
ğ	Dehnungslaut, wird nicht gesprochen: *boğa* (der Stier) wie „boah"
ı	dumpfes „e", wie z.B. in laufen, Matte: *dış* (der Zahn)
ş	wie deutsches „sch": *eşek* (Esel)

Rechtschreibprobleme

Wirft man einen Blick auf die veränderte Aussprache, der auch im Deutschen vorkommenden Buchstaben, erklären sich bestimmte Rechtschreibfehler von selbst:

- der deutsche Umlaut „ä": häufig als „e": *Trene* statt *Träne*
- die deutsche Buchstabenkombination „ch" als „h": *sprehen* statt *sprechen*
- deutsches „j", wie in „Junge", als „y": *Yanuar* statt *Januar*

- deutscher Laut „w" als „v": *venig* statt *wenig*
- deutsches stimmhaftes „s" als „z" *Zals* statt *Salz*

Teilweise werden auch die nur im Türkischen vorkommenden Buchstaben gewählt, um den jeweiligen deutschen Laut abzubilden, also etwa *şule* statt *Schule*.

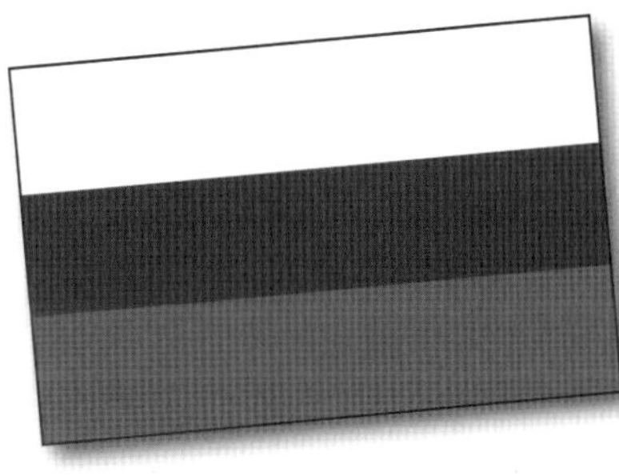

Russisch

Das Schwierigste an der russischen Sprache scheint zunächst einmal die andere (kyrillische) Schrift. Diese ist jedoch relativ schnell erlernt. Außerdem reizt Schüler das Entschlüsseln der unbekannten Schriftzeichen.

Die kyrillische Schrift kann insofern ein Ansatzpunkt sein, um sich mit Russland ein wenig genauer auseinanderzusetzen. Das russische Alphabet hat 33 Buchstaben. Es gibt kein festes Betonungsschema. Die betonte Silbe lässt sich jedoch in der Lautschrift an einem Akzentzeichen ablesen.

Anders als im Deutschen gibt es harte und weiche Vokale (insgesamt 10), sowie ein Weichheits- und ein Härtezeichen, die sich jeweils auf den im Wort vor ihnen stehenden Konsonanten auswirken.

Kyrillischer Buchstabe	lateinische Entsprechung	Aussprache
а	A a	lang wie in Kr<u>a</u>n, kurz wie in Schl<u>a</u>mm
Б б	B b	hart wie in <u>B</u>uch, weich wie in <u>B</u>iene
В в	W w	hart wie in <u>W</u>olke, weich wie in <u>V</u>ignette
Г г	G g	hart wie in <u>G</u>arten, weich wie in <u>G</u>uss
Д д	D d	hart wie in <u>D</u>urst, weich wie in <u>D</u>ame
Е е	E e	am Wortanfang wie in Junge, sonst „e", „ä", „ji", „i"
Ё ё		am Wortanfang wie in <u>J</u>och, sonst „o"
Ж ж		immer hart wie in <u>J</u>alousie
З з	S s	stimmhaftes „s" wie in <u>S</u>onne
И и	I i	gedehnt wie in S<u>i</u>lo
Й й		wie in <u>Y</u>ippieh!
К к	K k	hart wie in <u>K</u>arate, weich wie in <u>K</u>iel
Л л	L l	hart wie in <u>L</u>aster, weich wie in <u>L</u>iebe
М м	M m	hart wie in <u>M</u>ann, weich wie in <u>M</u>iete
Н н	N n	hart wie in <u>N</u>acht, weich wie in <u>N</u>iete

 Wenn Eltern und Kinder kein Deutsch verstehen …

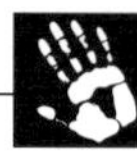

О о	O o	wenn betont, dann wie in B<u>o</u>hrer, sonst wie ein „a" in R<u>a</u>tte
П п	P p	hart wie in <u>P</u>ost, weich wie in <u>P</u>ier
Р р	R r	wird gerollt
С с	ß (ss)	hart wie in Ku<u>ss</u>, weich wie in Ma<u>ss</u>age
Т т	T t	hart wie in <u>T</u>or, weich wie in <u>t</u>ja
У у	U u	wie in H<u>u</u>t
Ф ф	F f	hart wie in <u>F</u>ass, weich wie in <u>F</u>jord
Х х		hart wie in Da<u>ch</u>
Ц ц	Z z	wie in <u>Z</u>ahn
Ч ч		immer weich wie in <u>Tsch</u>üss
Ш ш		wie in <u>Sch</u>al
Щ щ		Schtsch (weich gesprochen)
Ъ ъ		Härtezeichen zwischen Konsonant und Vokal, wird nicht ausgesprochen, wobei der Konsonant hart bleibt
Ы ы	i	wie dumpfes „i" ausgesprochen
Ь ь		dient als Erweichungszeichen nach dem Konsonanten, verwandelt einen harten Konsonanten in einen weichen
Э э	Ä ä	wie <u>E</u>skorte oder <u>Ä</u>rger
Ю ю	ju	ju wie <u>J</u>uchuh!
Я я		ja wie das Deutsche <u>J</u>a; bedeutet auch <u>ich</u>

Rechtschreibprobleme

Schwierigkeiten bereitet Schülern mit kyrillischer Alphabetisierung die Tatsache, dass es in beiden Sprachen übereinstimmende Grafeme gibt, durch die jedoch unterschiedliche Lautungen repräsentiert werden. Bei Wörtern, die diese Grafeme enthalten, kommt es häufig zu zunächst unerklärlichen Rechtschreibfehlern. Kennt man die Überschneidungen, erklären sich die „eigenwilligen" Schreibweisen. So ergibt sich etwa die Schreibung *Pose* statt *Rose* oder *Hame* statt *Name*:

Russischer Buchstabe	Aussprache
B, b	w
E, e	je nach Stellung im Wort wie „e", „ä", „ji", „i"
H, h	n
P, p	r
C, c	wie deutsches „ß"
Y, y	u
X, x	wie „ch" in Bu<u>ch</u>
g (Schreibschrift)	d

 Wenn Eltern und Kinder kein Deutsch verstehen …

Polnisch

Die polnische Sprache besticht zunächst einmal durch ihre auffällige Konsonantenhäufung. Im Polnischen gibt es 33 Konsonanten, die nicht selten zu zweit oder zu dritt aufeinanderfolgen, ohne dass ein Vokal eingeschoben ist.

Das polnische Alphabet entspricht dem deutschen Alphabet insoweit, als alle Buchstaben des deutschen Alphabets vorkommen, mit Ausnahme von q, v und x. Diese Buchstaben tauchen allenfalls in Fremdwörtern auf. Neben den deutschen Buchstaben gibt es einige weitere mit Sonderzeichen versehene Buchstaben, die z.B. den entsprechenden Vokal in einen nasalen Laut verwandeln. Die Nasale gleichen denen des Französischen. Darüber hinaus gibt es noch verschiedene Buchstabenkombinationen.

Übersicht über die Buchstaben, die es im Deutschen nicht gibt bzw. die anders ausgesprochen werden:

Polnischer Buchstabe	Aussprache
ą	nasales „o" wie in Croûton
c	wie deutsches „z" in Zahl
ć	Zwischenlaut zwischen „c" und „cz", etwa wie deutsches „tch" wie in Brötchen
ę	nasales „e" wie in Bassin
i	lang gesprochen wie in viel
ł	wie englisches „w": wall, war
n	wie deutsches „n", außer vor „i", da wie „nj"
ń	wie „nj" franz. Cognac,
o	offenes „o" wie in Koffer
ó	wie deutsches „u"
r	Zungenspitzen-R
s	immer wie „ß", außer vor „i", da wie „ch", ähnlich wie in Kirche
ś	Zwischenlaut zwischen „ch" und „s", ähnlich wie in Kirche
u	kurzes „u"
y	etwa wie in Straße, Kirche, mit Tendenz zum „i"
z	stimmhaftes „s" wie in Sonne
ż	stimmhaftes „sch" wie Journalist
ź	Zwischenlaut zwischen dem polnischen „z" und „ż"

 Wenn Eltern und Kinder kein Deutsch verstehen …

Polnische Buchstabenkombinationen und ihre Aussprache:

Polnischer Buchstabe	Aussprache
ch	wie „ch" in Da<u>ch</u>
cz	tsch wie in Kut<u>sch</u>e
sz	stimmloses „sch" wie in <u>Sch</u>ule
rz	stimmhaftes „sch" wie Ga<u>r</u>age
rz	stimmloses „sch"
dz	„ds"
dż	„dsch" wie in <u>Dsch</u>ungel
dź	dsch

Rechtschreibprobleme

Wie auch bei den anderen Sprachen können die Phoneme ein Problem bereiten, die in den beiden Sprachen durch unterschiedliche Grafeme ab-gebildet werden: Bei Fehlern, wie „z" statt „s", „cz" statt „tsch", „sz" oder „rz" statt „sch", ergibt sich etwa *Zonne* statt *Sonne*, *Macz* statt *Matsch* oder ein bisher unerklärliches *Rzule* statt *Schule*.

Schimpfwörter

Schüler verfügen oft über ein beachtliches oder vielmehr Be-sorgnis erregendes Repertoire an Schimpfwörtern. Deutsche Schimpfwörter kann man als Lehrer wahrnehmen und dar-auf reagieren. Bilinguale Kinder neigen dazu, auf Schimpf-wörter der Erstsprache zurückzugreifen, die der Lehrer nicht versteht. Umso wirkungsvoller ist es, wenn Sie als Lehrer darauf völlig unerwartet reagieren. Die Kenntnis einzelner Wörter genügt, um bei den Schülern den Eindruck zu erwe-cken, dass Sie viel mehr verstehen. Sie können den Ge-brauch fremdsprachiger Schimpfwörter auf diese Weise drastisch reduzieren. Insofern ist es hilfreich, als Lehrer ein paar gebräuchliche Schimpfwörter zu kennen, und sei es nur, um erleichtert festzustellen, dass diese nicht von den Schülern verwendet werden. Sie werden im Folgenden nicht immer wortwörtlich, sondern teilweise nur sinngemäß übersetzt.

Schimpfwörter Türkisch 

Eher harmlos

Deutsch	Türkisch	Aussprache
Verrückter	sapık	ßapik
Blödmann	manyak	manjack
Esel	eşek	eschek
Hund	köpek	köpeck
Eselkind, Esel	eşoğlu eşek	escholu eschek

Schlimm

Deutsch	Türkisch	Aussprache
Köter	it	it
Schwein	domuz	domus
Schwuler	ibne	ibnä
Eselskerl	eşekherif	eschekerif
Scheißkerl	bokherif	bockherif
Dreckskerl	pis herif	piss herif
Dreckskerl	pis adam	piss adam
Drecksweib	pis karı	piss karre

Sehr schlimm

Deutsch	Türkisch	Aussprache
Ehrloser	namuzsuz	namusßuß
Zuhälter	pezevenk	pesewenk
Hure	orospu	orosspu
Nutte	kahpe	kape
Hurenbalg	orospu çocuğu	orospu tschodschuu
Bastard	piç	pitsch

Weitere Ausdrücke

Deutsch	Türkisch	Aussprache
Hau ab!	defol	defoll
Still! Ruhe!	sus	ßuss
Schande! Das macht man nicht!	ayıp	ajep
Lass mich!	bırak beni	berak beni
He, was soll das?	ne yapıyorsun?	Ne jappejorßun

Schimpfwörter Russisch

Eher harmlos

Deutsch	Russisch	Aussprache
Dummkopf	дурак	durak
Ziegenbock	козёл	kosjol
Hammel, Bock	баран	baran
Dummkopf	придурок	pridurok
Idiot	идиот	idiot

 Wenn Eltern und Kinder kein Deutsch verstehen …

Sehr schlimm

Deutsch	Russisch	Aussprache
Halt's Maul!	закрой свою пасть	sakrój ßwaju past`
unhöflich für Vagina	в пизду	w pisdù
Kleines Arschloch!	пиздёныш	pisdjonysch
Verzieh dich!	пиздуй	pisduj
Geschlechtsorgan (*Kindersprache, gilt sowohl für weibliche als auch männliche Organe*)	писька	pis`ka
Schlampe	подстилка	podstilka
Hure	блядь	bljad`
Geh zum Teufel!	иди к чёрту	idi k tschjortu

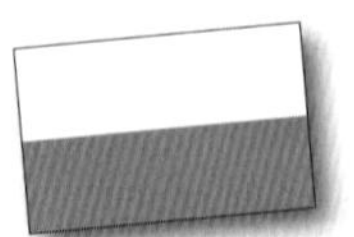

Schimpfwörter Polnisch

Eher harmlos

Deutsch	Polnisch	Aussprache
„Verflucht!"/„Verdammt!"	kurczę	kurtsche
„Scheiße!"/„Verdammt!"	cholera	cholera
Dummkopf	głupiec	gwupietz

Sehr schlimm

Deutsch	Polnisch	Aussprache
Schlampe	kurwa	kurwa
Schwanz	huj	huj
Verpiss dich!	spierdalaj	sspierdalai
Arsch	dupa	dupa
Hurensohn	skurwysyn	skurwißin
Hure/Hündin	suka	ßuka
Fotze	szmata	schmata

Weitere Ausdrücke

Deutsch	Polnisch	Aussprache
Halt die Klappe!	zamknij się!	samkijsie
Hau ab!	spadaj!	ßpadaj

Elternarbeit

Lehrer stellen in anderen Ländern oft stärkere Autoritätspersonen dar als hierzulande. Eltern, die entsprechende Erfahrungen mit dem Schulsystem eines dieser Länder gemacht haben, haben eine andere Erwartungshaltung als Eltern, die von einem demokratisch-liberalen Schulsystem geprägt wurden. Es ist wichtig, dass Sie diesen Eltern – wie natürlich allen anderen Eltern auch – von Beginn an vermitteln, dass die Bildungsarbeit von Schule und Elternhaus gemeinsam getragen werden muss. Dabei sollten Sie den Wünschen der Eltern Raum gegeben, aber auch konkret Rechte und Pflichten beider Seiten sowie Ihre Erwartungen an die Eltern präzise benennen und in klarer Sprache formulieren.

Eltern aktiv einbeziehen

Bedenken Sie, dass Eltern eventuell keine Vorstellungen mitbringen, wie sie das Lernen ihrer Kinder unterstützen oder sich in das Schulleben einbringen können. Sie gehen vielleicht noch nicht einmal davon aus, dass das erwünscht sein könnte. Geben Sie hier konkrete Anregungen, und nutzen Sie vielfältige Möglichkeiten, um den Eltern Einblicke in die Schule zu geben und sie am Schulleben zu beteiligen: Entscheiden Sie sich z.B., zum Zuckerfest Baklava zu backen, sprechen Sie Mütter an, ob sie Ihnen helfen können. Wahrscheinlich werden Sie die Erfahrung machen, dass die Bereitschaft groß ist, Sie zu unterstützen. Solche informellen Kontakte schaffen eine gute Basis für Elterngespräche. Wichtig ist jedoch auch, sich als Lehrer stets bewusst zu sein, dass es „die türkische oder die polnische Kultur" genauso wenig gibt wie „die deutsche Kultur". Jedes Individuum formt sich seine individuelle Kultur selbst. Gerade Menschen mit Migrationshintergrund adaptieren dabei Elemente verschiedener Kulturen, je nach dem, was zu ihrem individuellen Lebensentwurf passt. Nicht zwangsläufig ist somit jede Muslimin eine Expertin für orientalisches Kochen und Backen, kennt sich jeder Russe mit dem Balalaika-Spiel aus, genauso wenig wie jeder Deutsche mit Bach und der Relativitätstheorie vertraut ist. Basiert der interkulturelle Kontakt auf solchen stereotypen Annahmen, unterstützt man schnell, wenn auch unbeabsichtigt, die Manifestierung von Klischees. Davor schützen echtes zwischenmenschliches Interesse und die Kommunikation miteinander.

Positive Atmosphäre aufbauen

Jedes Elterngespräch – auch mit deutschen Eltern – sollte mit einem kleinen Smalltalk beginnen, um eine positive Atmosphäre zu erzeugen, die einer konstruktiven Kommunikation zuträglich ist. In anderen Ländern ist es häufig nicht üblich „mit der Tür ins Haus zu fallen" und die Kommunikation direkt auf der Sachebene zu beginnen. Man erkundigt sich zunächst nach dem Befinden und nach der Familie, bevor man auf das eigentliche Thema zu sprechen kommt. Höflichkeit und Gastfreundschaft werden häufig noch stärker gewichtet, als es bei uns inzwischen leider der Fall ist. Gäste bekommen nicht selten zunächst einmal etwas zu essen und zu trinken angeboten, was Sie vielleicht bei Hausbesuchen schon erleben konnten. Warum sollte man sich hiervon nicht inspirieren lassen und beim nächsten Elternsprechtag, Elterngespräch oder Elternabend eine Schale mit Gebäck, etwas zu trinken oder auch einen kleinen Blumenschmuck auf den Tisch stellen? Strahlen Sie selbst Freundlichkeit und Interesse aus und versuchen Sie, sich nicht davon irritieren zu lassen, wenn Ihre Gesprächspartner anders auf Sie reagieren, als Sie es erwarten. So wird ein muslimischer Vater Ihnen vielleicht nicht unbedingt in die Augen schauen, wenn Sie mit ihm reden, weil er den Blickkontakt mit einer Frau vielleicht als ungebührlich empfindet. Ein Vater oder eine Mutter weicht vielleicht bei der Begrüßung ein Stück zurück oder ergreift Ihre ausgestreckte Hand nur zögerlich, weil sie aus ihrem Kulturkreis andere Begrüßungsrituale gewohnt sind.

 Wenn Eltern und Kinder kein Deutsch verstehen …

Übersetzer bei Elterngesprächen

Sind die deutschsprachlichen Fähigkeiten Ihrer Eltern gering, bitten Sie im Vorfeld darum, dass jemand mitkommt, der übersetzen kann. So stellen Sie sicher, dass Sie einander wirklich verstehen. Je nach Inhalt des Gesprächs ist es nicht immer sinnvoll, wenn diese Rolle durch das jeweilige Kind oder ein Geschwisterkind übernommen wird.

In den nachfolgenden Einladungen zu Elterngesprächen und Elternabenden ist der Hinweis auf einen Übersetzer immer mit aufgenommen. Bei Laufbahn-Gesprächen (Übergang, Förderschule) sollten Sie nach Möglichkeit selbst für einen (pädagogisch erfahrenen) Übersetzer sorgen, um die gewünschten Informationen und Ziele adäquat zu transportieren. Kontakte lassen sich z.B. über die Regionalen Arbeitsstellen zur Förderung von Kindern und Jugendlichen aus Zuwandererfamilien (RAA) herstellen, die vorrangig in NRW, aber auch in Berlin, Brandenburg und anderen Bundesländern ansässig sind, wie auch über Interkulturelle Bildungszentren, Migrantenorganisationen oder Schulberatungs- und Arbeitsstellen für Jugendarbeit.

Kontakt halten

Bei Eltern, für die eine enge Zusammenarbeit zwischen Schule und Elternhaus eher ungewohnt ist, sind direkte Kontakte besonders wichtig. Briefe und schriftliche Mitteilungen zeigen nicht immer die gewünschte Resonanz. Erfolg versprechender sind persönliche Gesprächstermine in der Schule oder auch Hausbesuche, die Sie am besten telefonisch vereinbaren, wenn Sie die Eltern auch mit einem in der Muttersprache verfassten Brief nicht erreichen sollten. So machen Sie den Eltern deutlich, wie wichtig Ihnen Ihr Anliegen ist, und können auf mehr Unterstützung hoffen.

Kleidung

In muslimischen Ländern wie auch in Polen, Russland, Serbien und Kroatien legt man gerade bei öffentlichen Kontakten Wert auf eine gepflegte Erscheinung. Auch, wenn dies bei den Eltern Ihrer Schüler vielleicht nicht durchgängig der Fall sein sollte, kann es nicht schaden, wenn Sie die Kleidung für ein Elterngespräch noch bewusster auswählen als sonst. Korrekte Kleidung trägt schließlich zu einem nicht unerheblichen Teil zum Ausstrahlen von Autorität und Kompetenz bei. Für ein Gespräch mit einem streng gläubigen Moslem wählt man als Frau vielleicht eher einen dezenteren Ausschnitt, greift zum knielangen Rock oder zur weiten Hose statt zum Mini und bedeckt die Schultern. Auch ein Lehrer strahlt sicher mehr Seriosität in langen Hosen, Hemd und festen Schuhen aus als in Bermuda, T-Shirt und Sandalen.

Um hier keine Missverständnisse aufkommen zu lassen: Es geht nicht darum, sich für das Elterngespräch zu verkleiden, sondern darum, sich ein Gespräch nicht noch dadurch zu erschweren, dass der Gesprächspartner von einem allzu lässigen Erscheinungsbild irritiert ist.

Netzwerke aufbauen

Im Umfeld der Schule gibt es oft verschiedene Einrichtungen, die Sie in Ihrer Arbeit stützen und entlasten können. So bieten z.B. Kirchengemeinden, kirchliche und freie Träger oder Familienzentren häufig Hausaufgabenbetreuung, Freizeitaktivitäten oder Mutter-Kind-Kurse an. Informieren Sie sich über die Angebote, und nehmen Sie Kontakt zu Migrantenorganisationen, kirchlichen Gemeinden und Moscheen auf. Über diese lassen sich die Eltern oft leichter erreichen als auf der rein schulischen Ebene, die für sie nicht selten auf Grund des institutionellen Charakters mit einer gewissen Scheu verbunden ist. Durch Informationsabende zu unterschiedlichen Themen, wie z.B. Bücher für Kinder, Sportmöglichkeiten in unserem Viertel u.Ä. die von Experten der Stadtbücherei und des nahegelegenen Sportvereins u.a. mitgestaltet werden, erreichen Sie ggf. auch Eltern, die Sie sonst seltener in der Schule sehen. Eltern mit guten sprachlichen Fähigkeiten in beiden Sprachen unterstützen Sie in der Regel gerne dabei, Informationen und Einladungen an andere Eltern in der jeweiligen Muttersprache weiterzugeben. Muttersprachen-Lehrer können eine weitere hilfreiche Anlaufstelle bei Fragen und kleineren Übersetzungen sein.

Schullandheim, Schwimmunterricht und Sexualkunde

Bestimmte schulische Pflichtveranstaltungen stehen oftmals in Konflikt mit den Ansichten strenggläubiger (muslimischer) Eltern. Hierzu zählen insbesondere die Teilnahme am Schwimmunterricht, an Klassenfahrten und die Teilnahme am Sexualkundeunterricht.

Immer wieder wird sogar der Rechtsweg beschritten, um die Nicht-Teilnahme gerichtlich zu erwirken. In den Medien wird dieses Thema wiederkehrend diskutiert, im Internet gibt es Textvorlagen für Anträge auf Befreiung und Argumentationshilfen gegenüber den Lehrern (z.B. www.islam-foren.de – unter „Schule, Studium, Ausbildung" oder www. muslim-markt.de/Mustertext/schwimmfrei.htm).

Da es in der Verantwortung der Schule liegt, auch den muslimischen Schülern die Teilnahme an diesen Veranstaltungen zu ermöglichen, ist es wichtig, sich auf Konflikte einzustellen und den Dialog mit den Eltern zu suchen. Sinnvoll ist dafür eine gute Kenntnis der entsprechenden Stellen im Koran, der jeweiligen Richtlinien und Erlasse, sowie der geltenden Rechtsprechung.

Bei der Vorbereitung auf ein Gespräch sollten Sie sich zunächst einmal die Sorgen der Eltern vergegenwärtigen und überlegen, wie diese ggf. aufgefangen werden können. So stellt sich z.B. für viele muslimische Eltern bei **Schullandheimaufenthalten** das Essen als ein Hinderungsgrund zur Teilnahme dar. Sie befürchten, dass sich ihr Kind während dieser Zeit nicht nach den Vorschriften des Korans ernähren kann, der den Verzehr von Schweinefleisch verbietet (Sure 2, Vers 173).

Bei der Auswahl des Schullandheims sollte deshalb darauf geachtet werden, dass dort muslimisches oder zumindest vegetarisches Essen angeboten wird. Dies kommt auch orthodoxen Gläubigen entgegen, die während ihrer vier Fastenzeiten im Jahr oft auf tierische Produkte verzichten. Auch wenn Kinder in der Regel vom Fasten ausgenommen sind, ist es sinnvoll, bei der Terminauswahl die Fastentermine im Kopf zu haben. So lässt sich ggf. ein Termin wählen, der nicht unbedingt mit dem Ramadan oder der Zeit des Großen Fastens (ca. sieben Wochen vor dem orthodoxen Osterfest) zusammenfällt. Natürlich lässt sich das nicht immer realisieren. Jedoch signalisiert die Tatsache, dass Sie sich mit diesen Aspekten beschäftigt haben, den Eltern Interesse und Verständnis für ihre Sorgen, was eine gute Ausgangsbasis für ein Gespräch darstellen wird.

Bei einem „Nein" zum **Schwimmunterricht** können sicher schon einige Eltern zum Umdenken bewegt werden, wenn sie die Möglichkeit haben, die Umkleideräume vorab zu besichtigen, um der Sorge enthoben zu werden, dass sich Jungen und Mädchen in einer gemeinsamen Kabine umziehen.

In einem Gespräch kann gemeinsam überlegt werden, welche Art der Badekleidung der Sicherheit nicht zuwiderläuft, gleichzeitig aber auch den Vorstellungen von angemessener Verhüllung entsprechen würde. Informieren Sie sich im Vorfeld über die Möglichkeiten* und treffen Sie Absprachen mit Schulleitung und Schwimmbad.

Auch ein **Sexualkundeunterricht**, der nach Geschlechtern getrennt erteilt wird, erzeugt ggf. weniger Ängste als ein koedukativer und kann vielleicht ohnehin den Fragen von Mädchen und Jungen besser gerecht werden – unabhängig von der Religion.

Keinesfalls sollte vorschnell aufgegeben und einer Befreiung zugestimmt werden, insbesondere wenn Ihre muslimischen Schüler den Wunsch nach Teilnahme ausdrücken. Auch wenn Ihre Bemühungen vielleicht letztlich ohne Erfolg bleiben, ist es für Ihre Schüler eine wichtige Erfahrung, dass Sie sich für sie einsetzen und versuchen, ihre Eltern zum Umdenken zu bewegen.

* Zum Beispiel gibt es inzwischen einen von der muslimischen Modeschöpferin Abeda Zanetti entworfenen Ganzkörperanzug zum Schwimmen (Burkini). Er ist aus dem klassischen Badeanzugstoff gefertigt und lässt lediglich das Gesicht frei.

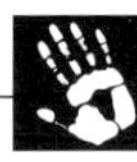

Argumentationshilfen

Schullandheim

→ Koran (Sure 2, 173)
Texte siehe unter www.islam.de

→ Auszüge aus den Richtlinien für Schulwanderungen und Schulfahrten (Wanderrichtlinien – WRL) RdErl. des Ministeriums für Schule und Weiterbildung v. 19.3.1997 – 14-12 Nr. 2 (NRW)
Hier finden Sie die folgenden Hinweise:
„4.2 Schulwanderungen und Schulfahrten sind Schulveranstaltungen. Sie werden grundsätzlich im Klassenverband […] durchgeführt. Gemäß § 8 Abs. 1 (ASchO – BASS 12-01 Nr. 2) sind Schülerinnen und Schüler zur Teilnahme verpflichtet. […] In besonderen Ausnahmefällen ist gemäß § 11 ASchO eine Befreiung von der Pflicht zur Teilnahme möglich.
Ein entsprechender Antrag ist von den Erziehungsberechtigten schriftlich zu begründen. Bei mehrtägigen Veranstaltungen wird die Befreiung erteilt, wenn die Erziehungsberechtigten auch nach einem Gespräch über Ziele und Inhalt der Klassenfahrt aus religiösen oder gravierenden erzieherischen Gründen bei ihrem Antrag bleiben.
Schülerinnen und Schüler, die von der Teilnahme befreit sind, besuchen in der Regel den Unterricht einer anderen Klasse oder eines anderen Kurses. Ist dies nicht möglich, werden ihnen unterrichtsbezogene Aufgaben gestellt.

4.3 […] Auf Teile der Schülerinnen und Schüler, die aus religiösen oder weltanschaulichen Gründen besondere Gebote (z.B. Speisevorschriften) beachten müssen, ist Rücksicht zu nehmen".
(vgl. www.bildungsportal.nrw.de/BP/Schulrecht/Erlasse/WRL.pdf)

Schwimm- und/oder Sportunterricht

Der Schwimm- und/oder Sportunterricht stellt sich für muslimische Eltern deshalb teilweise als problematisch dar, weil er koedukativ erteilt wird. Die Bade- bzw. Sportbekleidung läuft u.U. den Vorschriften des Korans zuwider nach denen Frauen in der Gegenwart von Männern, die nicht ihrer Familie angehören, ihre Blöße bedecken sollen (s.u.). In der entsprechenden Sure ist jedoch ausdrücklich von Frauen und Männern und nicht von Kindern vor Eintritt in die Pubertät die Rede. Eine Teilnahme am Schwimm- und/oder Sportunterricht dürfte sich also für diese bis dahin auch von Seiten des Korans nicht als problematisch gestalten.

Eine entsprechende Textstelle finden Sie im Koran unter Sure 24, Vers 31.

→ Rechtsprechung des Bundesverwaltungsgerichts:
„Führt ein vom Staat auf Grund seines Bildungs- und Erziehungsauftrags aus Art. 7 Abs. 2 GG im Rahmen der allgemeinen Schulpflicht angebotener koedukativ erteilter Sportunterricht für eine zwölfjährige Schülerin islamischen Glaubens im Hinblick auf die Bekleidungsvorschriften des Korans, die sie für sich als verbindlich ansieht, zu einem Gewissenskonflikt, so folgt für sie aus Art. 4 Abs. 1 und 2 GG ein Anspruch auf Befreiung vom Sportunterricht, solange dieser nicht nach Geschlechtern getrennt angeboten wird".
Quelle: BVerwG, Az 6 C8/91, Urt. vom 25.08.93 – 6C 30/92

Sexualkunde

Für viele Muslime ist Sexualität (zumindest für Frauen) ausschließlich der Ehe vorbehalten. Der erste sexuelle Kontakt findet in der Hochzeitsnacht statt, sodass eine Aufklärung, wie sie in den deutschen Schulen durchgeführt wird, für überflüssig gehalten wird.
Besonders die Tatsache, dass im Sexualkundeunterricht Abbildungen von nackten Körpern gezeigt werden und der Zeugungsakt besprochen wird, läuft den Einstellungen muslimischer Eltern oftmals zuwider.
Hier ist es wichtig, die Notwendigkeit einer guten Aufklärung deutlich zu machen, was in vielen Fällen ein nicht leichtes Unterfangen sein wird.
Abbildungen von nackten Körpern mit Beschriftung der Körperteile müssen nicht unbedingt die Unterrichtsarbeit auch außerhalb der jeweiligen Stunden dokumentieren. Eine einfache Möglichkeit der Scham – nicht nur von muslimischen Schülern und Eltern – zu begegnen ist die, Kleidungsstücke aus Pappe auszuschneiden und wie bei einer Ankleidepuppe den Plakaten anzuheften. Zeichnungen sind gegenüber Fotos Vorrang zu geben.

Feste und Feiern in verschiedenen Ländern

Die Konfessionszugehörigkeit von Schülern mit Migrationshintergrund zeigt oft das ganze Spektrum an Möglichkeiten: Schüler der ehemaligen Sowjetunion und serbische Schüler sind oftmals orthodoxe Christen, Spätaussiedler, polnische und kroatische Schüler häufig katholischen Glaubens, bosnische, türkische und arabische Kinder sind in der Regel muslimisch.

Es ist sinnvoll, über die wesentlichen Feste und Gebräuche informiert zu sein, da sie oft eine noch größere Rolle spielen, als dies bei deutschen Schülern der Fall ist. Sie zeigen dadurch Interesse an Ihren Schülern und können Gelegenheiten nutzen, auch Feste anderer Religionen im Unterricht aufzugreifen. So wird der Horizont erweitert und die Weltoffenheit aller Schüler gefördert.

Muslimische Feste und Feiern

Die religiösen Feste richten sich nach dem islamischen Mondkalender, der kürzer ist als das Sonnenjahr. So verschieben sich die Feste von Jahr zu Jahr um jeweils etwa 11 – 13 Tage nach vorne. In manchen Ländern wird der

Termin des Zuckerfestes/Fastenbrechens vom Erscheinen des Neumondes abhängig gemacht. Der genaue Termin steht dann oft erst am Vorabend fest und kann u.U. von den u.g. Richtwerten abweichen.

Kalendarische Übersicht über religiöse Feste

	Islamisches Neujahr	Opferfest	Beginn des Ramadan	Zuckerfest
2007	20.01.07	20.12.07	13.09.07	13.10.07
2008	10.01.08, 29.12.08	08.12.08	01.09.08	01.10.08
2009	18.12.09	27.11.09	22.08.09	21.09.09
2010	07.12.10	12.11.10	11.08.10	10.09.10

Kurban Bayramı – Opferfest

Das Opferfest wird gefeiert zum Gedenken an die Bereitschaft des Propheten Ibrahim, seinen Sohn Ismail Allah zu opfern. Zur Erinnerung daran, dass Allah Ibrahim Einhalt gebot, als er dessen Opferbereitschaft gewahr wurde und stattdessen einen Widder als Opfergabe vom Himmel schickte, wird ein Schaf geschlachtet. Das Fleisch soll zu gleichen Teilen an Familie, Nachbarn und Bedürftige verteilt werden.

Die Vorschriften, nach denen das Schaf geschlachtet wird, sind in Deutschland oft nicht einzuhalten, weswegen viele Muslime dazu übergehen, Geld zu spenden, von dem in islamischen Ländern ein Schaf oder eine Kuh erworben und vorschriftsmäßig geschlachtet und das Fleisch an Notleidende verteilt wird.

Am vier Tage dauernden Opferfest werden die Moschee, Familien, Nachbarn und Freunde und die Gräber von Verstorbenen besucht. Man beschenkt sich gegenseitig und kleidet oftmals die Kinder, genau wie am Zuckerfest, neu ein. Manche Frauen und Mädchen verzieren am Opferfest ihre Hände mit Henna.

Tipp für den Unterricht

Zur Geschichte des Opferfestes gibt es das entsprechende Pendant in der biblischen Geschichte (vgl. biblische Geschichte von Abraham und Isaak). Im Religionsunterricht sollten diese Schnittstellen thematisiert werden.

Ramadan – Fastenzeit

Das Fasten ist eine der fünf Säulen des Korans und für jeden gläubigen Moslem verpflichtend. Gefastet wird im Monat Ramadan, weil in diesem Monat die Offenbarung des Korans an den Propheten Mohammed geschah. Der Fastenmonat Ramadan dauert 28 – 30 Tage. Während dieser Zeit dürfen gläubige Moslems nur in der Zeit vor Sonnenaufgang und nach Sonnenuntergang essen und trinken. Die Zeit soll – genau wie die christliche Fastenzeit – der Besinnung auf Gott bzw. hier Allah dienen. Nicht nur Nahrung und Getränke, sondern auch alles andere, was dieser Besinnung im Wege steht, z.B. Freizeitvergnügungen, Rauchen, Hören lauter Musik, Verwendung von Parfüm etc., sind in dieser Zeit verboten.

Der Fastenmonat kann, bedingt durch den Mondkalender, zu jeder Jahreszeit stattfinden. Besonders im Sommer ist das Fasten insofern entbehrungsreich, da die Zeit zwischen Sonnenauf- und -untergang sehr lang ist und hohe Temperaturen das Trinkverbot erschweren. Das gemeinsame Abendessen nach Sonnenuntergang wird jeden Tag mit besonderen Speisen gemeinsam mit Familie und Freunden gefeiert. Als traditionelle Speise, mit der das Abendessen eröffnet wird, gelten Datteln und Wasser oder eine spezielle Ramadansuppe. Vom Fasten ausgenommen sind Kinder und Jugendliche vor Einsetzen der Pubertät, psychisch und/oder physisch Kranke, schwangere Frauen und Frauen während der Menstruation, sowie Reisende. Tage, in denen das Fasten aus bestimmten Gründen nicht eingehalten werden kann, können nachgeholt werden.

Tipp für den Unterricht

Die Zeit des Ramadan ist für muslimische Schüler eine besondere Zeit, die geprägt ist von Entbehrungen, aber auch von Gemeinschaft und Zusammengehörigkeit. Manche Ihrer Schüler nehmen vielleicht auch schon in abgeschwächter Form am Ramadan teil, verzichten z.B. auf das Essen, trinken aber noch etwas. Interesse zu zeigen an dieser Zeit, signalisiert den Schülern, dass ihr Glaube ernst genommen wird. Nichtmuslimische Schüler reagieren häufig mit Staunen und Respekt, wenn sie sich genauer mit dem Ramadan auseinandersetzen. Den Ramadan im Unterricht zu thematisieren und Schnittstellen zwischen Ramadan und christlicher Fastenzeit aufzuzeigen, fördert gegenseitiges Verständnis.

Şeker Bayramı – Zuckerfest oder Fest des Fastenbrechens

Das Zuckerfest beendet den 28–30 Tage dauernden Fastenmonat Ramadan. Es wird in den ersten drei Tagen des sich anschließenden Monats gefeiert und stellt neben dem Opferfest das wichtigste Fest der Muslime dar. Der Termin des Zuckerfestes ändert sich genau wie die Termine der anderen Feste jedes Jahr. Seinen Namen trägt es deswegen, weil zum Fastenbrechen viele süße Speisen, wie z.B. Baklava, zubereitet und verzehrt werden und vor allem Kinder an diesem Fest Süßigkeiten geschenkt bekommen.

Am Zuckerfest besucht man sich innerhalb der Familie und des Freundeskreises. Das Zuckerfest ist in seinem Stellenwert innerhalb des muslimischen Glaubens mit dem christlichen Osterfest oder mit Weihnachten vergleichbar. In islamischen Ländern wird an diesem Fest in der Regel nicht gearbeitet, die Schüler haben schulfrei. Kinder bekommen kleine Geschenke und neue Kleidung. An öffentlichen Schulen in Deutschland können muslimische Schüler auf Antrag vom Unterricht freigestellt werden.

Tipp für den Unterricht

Gemeinsam mit den Schülern zu kochen oder zu backen, ist immer eine aufregende Sache. Ganz nebenbei lernen die Kinder handlungsorientiert mit Maßangaben umzugehen und trainieren ihr Leseverstehen an der Textgattung „Rezept". Warum nicht einmal anlässlich des Zuckerfestes eine orientalische Köstlichkeit, wie Baklava, zubereiten, die übrigens auch in Serbien geschätzt wird? Auf keiner Ebene sind kulturelle Unterschiede so leicht zu überbrücken wie auf kulinarischer. Die muslimischen Kinder erfahren eine Wertschätzung, die nichtmuslimischen Kinder erweitern ihren (kulinarischen) Horizont. Vielleicht finden sich sogar türkische, arabische oder serbische Mütter zur Unterstützung.

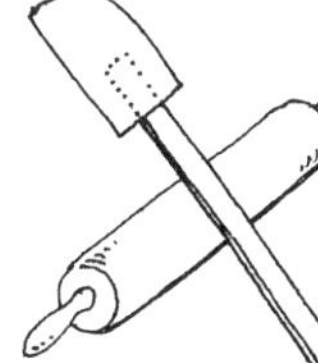
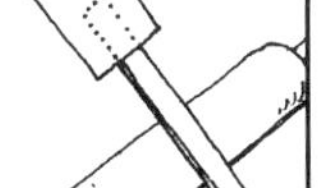

Baklava

Backofen: 200 °C
Umluft: 180 °C
Backzeit: 35 min

- Abgeriebene Schale einer unbehandelten Zitrone/Saft einer Zitrone
- 150 g grob gehackte Walnüsse
- 100 g gehackte Mandeln
- 50 g grob gehackte Pistazienkerne
- 200 g Zucker
- 1/4 Tl Zimt
- 150 g Halbfettmargarine
- 400 g Yufka-Teigblätter
- 120 g flüssiger Honig

Zubereitung:

Backofen vorheizen. Halbfettmargarine schmelzen. Nüsse, Mandeln, Pistazien, 4 EL Zucker, Zimt und Zitronenschale miteinander vermischen. Backblech oder feuerfeste Form mit der Margarine einfetten. Die Lagen des Yufka-Teiges auf die richtige Größe zuschneiden, vorsichtig trennen und mit dem Fett einpinseln. Die Hälfte des Yufka-Teiges auf das gefettete Backblech legen. Die Nuss-Zuckermasse darauf verteilen und mit den restlichen Teigblättern bedecken. Restliche Margarine darauf verteilen und in den Ofen schieben. Währenddessen 150 ml Wasser mit dem Honig und dem restlichen Zucker zu einem dicken Sirup einkochen. Zitronensaft einrühren und stehen lassen.
Nach dem Backen das Baklava 5 – 10 min auskühlen lassen, dann mit dem Sirup übergießen. Abkühlen lassen und mit einem Pizzaroller in mundgerechte Stücke schneiden.

Çocuk Bayramı – Kinderfest (immer am 23. April, türkisches Fest)

Erinnerung an die Eröffnung des ersten türkischen Parlaments durch Mustafa Kemal Atatürk am 23.04. 1920. Atatürk widmete diesen nationalen Feiertag den Kindern, da sie die Zukunft jedes Landes darstellen. An diesem Tag haben die Schüler in der Türkei schulfrei. Sie verkleiden sich und schlüpfen spielerisch in die Rolle der Erwachsenen. Es gibt Umzüge, Spiele und Feste.

Tipp für den Unterricht

Der türkische Nationalfeiertag lässt sich als schöner Anlass nutzen, ein interkulturelles Klassen- oder gar Schulfest zu feiern. Die Schüler können sich an diesem Tag oder auch in einer vorangestellten Projektwoche mit dem Thema „Kinder der Welt" beschäftigen.

Orthodoxe Feste und Feiern

Da die russisch- und die serbisch-orthodoxe Kirche ihre Feiertage nach dem julianischen und nicht nach dem bei uns gültigen gregorianischen Kalender berechnen, fallen die Termine unterschiedlich aus: Das Weihnachtsfest wird am 07. Januar gefeiert, das Osterfest kann 1–5 Wochen nach dem westlichen Ostern liegen.

Kalendarische Übersicht über die Termine des Osterfestes

	Ostersonntag (römisch-katholisch)	Ostersonntag (orthodox)
2007	08.04.07	
2008	23.03.08	27.04.08
2009	12.04.09	19.04.09
2010	04.04.10	

© Verlag an der Ruhr ✕ 45422 Mülheim an der Ruhr ✕ www.verlagruhr.de ✕ ISBN 978-3-8346-0271-8 **Wenn Eltern und Kinder kein Deutsch verstehen …** 23

Osterfest

Das wichtigste Fest der orthodoxen Christen ist das Osterfest. Ihm geht eine etwa 6–7-wöchige Fastenzeit (Großes Fasten) voraus, in der die Mahlzeiten in Menge und Anzahl eingeschränkt werden und insbesondere auf tierische Produkte und Alkohol verzichtet werden soll. Die Ausprägung des Fastens bestimmt jeder selbst. Kinder verzichten in dieser Zeit häufig auf Süßigkeiten. Auch der Konsum von Unterhaltungsmedien wird reduziert, da er der Besinnung auf Gott zuwider läuft.

Das Osterfest beginnt mit einem Gottesdienst in der Nacht auf Ostersonntag. Dieser fängt gegen Mitternacht an und dauert mehrere Stunden. Die wenigen Sitzgelegenheiten, die es in orthodoxen Gotteshäusern gibt, sind den Alten und Behinderten vorbehalten. Auch Kinder nehmen an dem Gottesdienst teil. Mitgebrachte Speisen, wie z.B. das traditionelle Osterbrot, werden in der Kirche geweiht. Am Ostersonntag feiert man im Kreise seiner Familie. Eier stellen dabei eine wichtige Speise dar. Traditionell werden sie allerdings nicht vom Osterhasen gebracht.

Zum russisch-orthodoxen Osterfest gehören vor allem zwei Süßspeisen: das Osterbrot „Kulitsch" (bei den orthodoxen Serben das „slavski kolač") und der gehaltvolle Osterkuchen „Pascha". Letzterer kann gut auch im Unterricht zubereitet werden, da er ohne Backen auskommt.

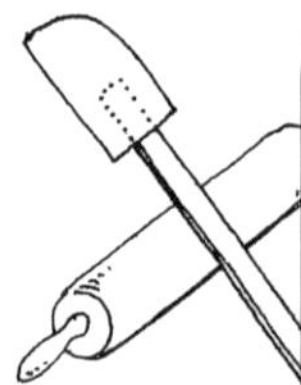

Пасха[*] – Osterkuchen

Backofen: 200 °C
Umluft: 180 °C
Backzeit: 35 min

- 8 Eier
- 1000 g Quark
- 200 g weiche Butter
- 1 Tasse Sahne
- 1 Tasse Zucker
- etwas abgeriebene Vanilleschote
- 1 Prise Salz
- kleine tönerne Blumentöpfe mit einer Öffnung im Boden
- dünnes Baumwolltuch

Zubereitung:

Die Eier trennen. Das Eigelb mit dem Zucker in einem Topf schaumig rühren (die Eiweiße können noch für Baiser-Eier verwendet werden). Sahne dazugeben und unter ständigem Rühren erhitzen, bis die Masse dickflüssig wird. Butter dazugeben und gleichmäßig unterrühren. Abkühlen lassen.

In der Zwischenzeit die Blumentöpfe mit dem Baumwolltuch auslegen und den Quark in eine große Schüssel geben. Die ausgekühlte Masse unterheben und in die Blumentöpfe füllen. Ein Kuchenrost auf ein tiefes Backblech stellen und die Blumentöpfe darauf stellen. So kann die Flüssigkeit aus den Töpfen abtropfen. Vor dem Servieren stürzen und mit kandierten Früchten verzieren.

Tipps:

Traditionell wird der Пасха in einer speziellen pyramidenförmigen, kunstvoll geschnitzten Holzform zubereitet, die ihre Verzierungen beim Stürzen auf dem Kuchen hinterlässt. Blumentöpfe bieten sich gut als Alternative an, da sie eine ähnliche Form haben. Wählt man kleinere Töpfchen, kann je nach zubereiteter Menge jeder Schüler einen Пасха mit nach Hause nehmen. Dünnes Baumwolltuch gibt es im Stoffmarkt. Gut einsetzbar sind jedoch auch ganz einfache unbedruckte Baumwolltragetaschen. In jedem Fall sollte der Stoff vorher einmal bei 90°C gewaschen werden, um etwaige Rückstände zu entfernen.

Die Töpfe können vorher im Kunstunterricht bemalt werden. Freude bereitet den Schülern dabei auch die Verwendung kyrillischer Buchstaben. Ein Vergleich von lateinischer und kyrillischer Schrift sowie deutscher und russischer Lautung sensibilisiert deutsche Schüler für die eigene Sprache und schafft Anerkennung für die Leistungen ihrer zweisprachigen Mitschüler wie auch Verständnis für etwaige Aussprache- oder Rechtschreibschwierigkeiten.

[*] sprich: *paßcha* mit „ch" wie in Bu<u>ch</u>, russisches Wort für Ostern, abgeleitet von der jüdischen Bezeichnung für das Osterfest *pessach*.

Eier färben

Eier lassen sich auch vom orthodoxen Osterfest nicht wegdenken. Als traditionelle Farbe für die Eier gilt Rot, als traditionelles Färbeverfahren der Einsatz von Zwiebelschalen. Dieses Verfahren wie auch die Verwendung anderer pflanzlicher Farben, bietet sich für den Unterricht an. Die Schüler lernen so eine natürliche Alternative zu Färbestäbchen, -pulver und -tabletten kennen. Pro Liter Wasser benötigt man etwa drei Handvoll Zwiebelschalen (nur die trockene Außenschale).

Die Schalen mit dem Wasser zum Kochen bringen und 30–45 Min. kochen lassen. Den Sud durch ein Sieb schütten und auffangen. Die Eier hineingeben und unter ständigem Rühren hin- und herbewegen. Je länger sie in dem Sud bleiben, desto dunkler wird die Farbe, die sie annehmen.

→ Ein Spritzer Essig intensiviert die Farbe.
→ Wickelt man vorher Wollfäden um die Eier, entsteht ein schönes Muster.
→ Mit Zitronensaft bestrichene Stellen färben sich nicht.

Christlich-orthodoxes Weihnachtsfest

Auch dem Weihnachtsfest geht eine Fastenzeit (4–6 Wochen) voraus, die aber weniger streng ist als beim Großen Fasten in der Passionszeit. Der Heilige Abend fällt auf den 06. Januar und wird mit einem mehrstündigen Gottesdienst am Abend begonnen. Der 7. Januar ist inzwischen auch wieder in der GUS und in Serbien offizieller Feiertag.

Väterchen Frost und Schneeflöckchen

Geschenke gehören traditionell nicht zum orthodoxen Weihnachtsfest, sie werden am 31.12. vom Дед Мороз (russ.) sprich „Djed Maros" oder serb. Deda Mraz und seiner Gehilfin Снегурочка (Snegurotschka) gebracht. Väterchen Frost ist eine beliebte russische Märchenfigur, die im sozialistischen Russland im Zusammenhang mit dem in den 1920er-Jahren geschaffenen Jolkafest (Tannenbaumfest) zu einer Art atheistischen Nikolaus oder Weihnachtsmann umgedeutet wurde. Das Jolkafest sollte das christlich-orthodoxe Weihnachtsfest ersetzen und ist auch heute noch sehr populär.

Am Silvesterabend trifft man sich mit Freunden und der Familie zu einem festlichen Essen. Die Kinder verkleiden sich oft als Hasen, Schneeflöckchen oder Bären, die als Begleiter von Väterchen Frost gelten. Es werden Lieder gesungen, Gedichte und Geschichten vorgetragen und um den Tannenbaum getanzt, um sich die Geschenke von Väterchen Frost zu verdienen. Dieser kommt in der Silvesternacht und legt die Geschenke unter den Tannenbaum.

Tipp für den Unterricht

Russische Märchen sind für alle Kinder faszinierend. Im Internet finden sich verschiedene Kurzfassungen eines Märchens über Snegurotschka. Zu den berühmten DDR-Märchenverfilmungen gehört auch die des Märchens von Väterchen Frost. Die genaue Quellenangabe finden Sie auf S. 168.

Feste und Feiern in Polen und Kroatien

Der überwiegende Teil der polnischen und kroatischen Bevölkerung besteht aus römisch-katholischen Christen. Kirchliche Feiertage haben eine große Bedeutung. Das wichtigste kirchliche Fest ist Weihnachten.

Advent und Weihnachten in Polen

In der Adventszeit beginnt man mit den Vorbereitungen auf Weihnachten. Die Wohnung wird gründlich aufgeräumt und geputzt und die Einkäufe für die Feiertage getätigt. Sankt Nikolaus bringt sowohl am 06. Dezember wie auch am Weihnachtsabend Geschenke. Den Heiligen Abend begeht man im Kreise der Familie. Erst wenn der erste Stern am Himmel aufgeht, darf mit dem Festmahl begonnen werden.

Traditionell besteht dieses aus 12 verschiedenen Speisen, die die 12 Apostel symbolisieren. Ein Brauch ist es außerdem, ein zusätzliches Gedeck für einen unerwarteten Gast aufzulegen.

Eingeleitet wird das Essen mit dem Teilen einer großen, geweihten Oblate (Opłatka), in die Weihnachtsszenen eingeprägt sind. Gegenseitig spricht man sich gute Wünsche aus. Erst dann beginnt man mit dem Essen. Nach Möglichkeit versucht man, von jeder Speise zu probieren, da dies Glück für das neue Jahr bringen soll. Nach dem Essen werden die Geschenke ausgepackt. Der Abend endet in der Regel mit einem Besuch der Christmette. Weihnachtsbaum, -krippe und -lieder gehören auch in Polen zum Weihnachtsfest, Weihnachtsmärkte sind weniger populär als bei uns.

Tipp für den Unterricht

Das Teilen der Oblate mit den sich anschließenden gegenseitigen Wünschen ist ein Brauch, der auch im Unterricht praktiziert werden kann. Er stärkt das Zusammengehörigkeitsgefühl der Klasse und gerade für weniger beliebte Schüler ist es schön, einmal positive Worte von einem Mitschüler zu hören. Man kann die Schüler auch vorher Wünsche auf kleine Zettel schreiben lassen, die dann wie Lose in ein Körbchen gelegt und gezogen werden.

Advent und Weihnachten in Kroatien

Auch in Kroatien wird die Adventszeit zur Vorbereitung auf das Weihnachtsfest genutzt. Am Nikolaustag füllen der Heilige Nikolaus und sein Begleiter Krampus die Schuhe der Kinder mit Süßigkeiten oder einer Rute – je nach Benehmen. Teilweise wird auch noch am 13. Dezember der Tag der heiligen Lucija gefeiert. Die Kinder bekommen dann getrocknete Feigen, Nüsse und Äpfel geschenkt oder finden unter ihrem Kopfkissen eine Rute. In Teilen Kroatiens gibt es den ansonsten nur noch wenig verbreiteten Brauch, in der Vorweihnachtszeit Weihnachtsweizen in mit Wasser gefüllte Töpfe einzusäen. Dieser wächst während der Adventszeit als Symbol der Fruchtbarkeit und des Lebens und wird am Weihnachtstag zur Krippe oder unter den Weihnachtsbaum gestellt. Häufig wird der Weizen noch mit einer Schleife umwickelt, oder in die Mitte wird eine Kerze gestellt.

Tipp für den Unterricht

Das Einsäen des Weihnachtsweizens bietet im Unterricht nicht nur die Möglichkeit, einen Brauch aus einem anderen Land kennen zu lernen, sondern liefert des Weiteren naturwissenschaftliche Anknüpfungspunkte, wenn die Entwicklung vom Saatkorn bis zur Pflanze beobachtet werden kann. Bringt jedes Kind ein kleines Glas von zu Hause mit, stellt der Weihnachtweizen mit einer Kerze und einer Schleife versehen auch ein dekoratives Elterngeschenk dar.

Ostern

Das Osterfest wird in beiden Ländern nicht ganz so feierlich begangen wie Weihnachten. Eine Tradition ist die, am Karsamstag Brot, Wurst, Käse, Eier und Salz in einen Korb zu legen und diesen in der Kirche weihen zu lassen. Der Osteransprache des Papstes wird natürlich in beiden Ländern Aufmerksamkeit geschenkt.

Tipp für den Unterricht

Eier zu bemalen, hat in Kroatien und Polen Tradition. Dort gibt es eine bestimmte Technik, die sich auch für den Unterricht in Klasse 3/4 eignet: Die Eier werden zunächst in heißes Wachs getaucht. Wenn das Wachs fest geworden ist, ritzt man mit einer Nadel oder einem Zahnstocher Muster hinein. Danach färbt man die Eier ein. Anschließend kratzt man das Wachs ab. Farbe angenommen haben nur die eingeritzten Stellen, wodurch dekorative Muster entstehen.

Elternbriefe

Deutsch

- ▸▸ **Besondere Veranstaltungen**
- ▸▸ **Organisation**
- ▸▸ **Elternabend**
- ▸▸ **Elternsprechtag**
- ▸▸ **Geld einsammeln**
- ▸▸ **Klassenfahrt**
- ▸▸ **Störungen**
- ▸▸ **Stundenplanänderungen**
- ▸▸ **Weiterführende Schulen**
- ▸▸ **Zeugnisse**

Abschlussgottesdienst

Klasse: ....

Datum: ....

Liebe Eltern,

morgen findet im Anschluss an den Unterricht von

.... Uhr ein Gottesdienst in der

.... statt.

Von da aus gehen die Kinder nach Hause bzw. zurück zur Schule. Falls Sie aus religiösen Gründen nicht möchten, dass Ihr Kind am Gottesdienst teilnimmt, bitte ich Sie, dies unten zu vermerken.

❏ Mein Kind soll aus religiösen Gründen nicht am Gottesdienst teilnehmen und stattdessen nach Hause gehen.

....

(Unterschrift)

Ausflug

Klasse: ....

Datum: ....

Liebe Familie ....,

am .... machen wir

einen Ausflug zum ....

....

Der Bus fährt gegen .... Uhr ab.

.... muss

um .... Uhr an der Schule sein.

Gegen .... Uhr kommen wir zurück.

Schulschluss ist um .... Uhr.

Die Kinder brauchen an diesem Tag:

....

....

....

....

Mit freundlichen Grüßen

Gemeinsames Frühstück

Klasse: _______________________   Datum: _______________________

Liebe Eltern,

morgen wollen wir in der _______________________ gemeinsam frühstücken.

Dafür sollte jedes Kind Folgendes mitbringen:

_______________________   _______________________

_______________________   _______________________

_______________________   _______________________

_______________________   _______________________

Viele Grüße

____

Gesundes Frühstück

Klasse: _______________________   Datum: _______________________

Liebe Eltern,

am _______________________ wollen wir in der _______________________
gemeinsam ein gesundes Frühstück zubereiten. Wer hätte Zeit und Lust, mitzumachen?
Bitte unten eintragen und den Zettel morgen wieder mitgeben.

Wer könnte was mitbringen? Bitte ankreuzen!

❏ _______________________   ❏ _______________________

❏ _______________________   ❏ _______________________

❏ _______________________   ❏ _______________________

❏ _______________________   ❏ _______________________

Viele Grüße

____

Laternenbasteln

Klasse: ....   Datum: ....

Liebe Eltern,

am .... basteln wir in der ....
Laternen.

Wer hätte Zeit und Lust, mitzuhelfen?
Bitte unten eintragen und den Zettel morgen wieder mitgeben.

Name:

....

....

Viele Grüße

....

Laternenumzug

Klasse: ....   Datum: ....

Liebe Eltern,

am .... findet unser Laternenumzug statt.

Wir treffen uns um .... Uhr mit den Laternen ....

Der Umzug dauert etwa bis .... Uhr.

Viele Grüße

....

Plätzchen backen

Klasse: .... Datum: ....

Liebe Eltern,

am .... backe ich mit den Kindern Plätzchen.
Über Unterstützung würde ich mich freuen. Wer hat Lust und Zeit, mitzumachen?
Bitte unten eintragen und den Zettel morgen wieder mitgeben.

Viele Grüße

....

❑ Ich helfe beim Plätzchenbacken ....
                                                              (Name)

❑ Ich kann Teig vorbereiten ....
                                                              (Name)

Feste allgemein

Klasse: .... Datum: ....

Liebe Familie,

am .... findet von .... Uhr

unser/e .... statt.

Ich würde mich sehr freuen, wenn Sie daran teilnehmen könnten!

Mit freundlichen Grüßen

....

➲ Die Kinder sollen um .... Uhr in der Schule sein.

Betreuung

Klasse: ....   Datum: ....

Liebe Eltern,

nicht an allen Tagen hat Ihr Kind gleich viele Stunden. Manchmal fällt auch eine Stunde aus,
und Ihr Kind hat früher Schluss oder fängt später an. Das ist vor allem für Eltern,
die beide arbeiten, ein Problem.

An unserer Schule haben wir ein Betreuungsangebot, das sicherstellt, dass Ihr Kind

jeden Tag von .... bis .... in der Schule betreut wird.

Vor oder nach dem Unterricht kann es dort hingehen und mit anderen Kindern zusammen
lernen und spielen. Für dieses Betreuungsangebot können Sie sich anmelden.

Kosten: .... €

Geleitetet wird es von: ....

Bitte geben Sie an, ob Sie das Betreuungsangebot gerne wahrnehmen würden.

- -

Schuljahr: ....   Name des Kindes: ....

Ich würde gerne mein Kind für das Betreuungsangebot anmelden.

....

(Unterschrift)

Förderschule

Klasse: ....   Datum: ....

Liebe Familie ....,

wie besprochen, machen die Entwicklung und Leistungen Ihres Kindes unserer Meinung nach eine gesonderte Förderung notwendig, die nicht im normalen Unterricht geleistet werden kann.

Ich möchte deswegen gemeinsam mit einem Kollegen der Förderschule überlegen, welche Förderung für Ihr Kind sinnvoll wäre und wo diese Förderung erfolgen kann.

Ich leite deswegen ein AO-SF (Verfahren zur Feststellung des sonderpädagogischen Förderbedarfs) ein. Das Verfahren möchten mein Kollege und ich Ihnen gerne in einem persönlichen Gespräch erklären.

Ich gebe Ihnen aber schon an dieser Stelle ein paar Informationen zum Ablauf:

Der Lehrer der Förderschule führt einige Tests durch, gemeinsam sprechen wir mit Ihnen und schreiben unsere Beobachtungen zu Ihrem Kind auf. Außerdem untersucht ein Schularzt Ihr Kind. Danach schreiben wir ein Gutachten, in dem wir vorschlagen, wie und wo Ihr Kind gefördert werden soll. Das kann z.B. so aussehen, dass ein Kollege der Förderschule in einzelnen Stunden in unsere Schule kommt und Ihr Kind gesondert fördert.

Es kann aber auch sein, dass Ihr Kind von der Grundschule zu einer Förderschule wechseln muss, weil es dort eine bessere Förderung bekommen kann.

Schwerpunkte sonderpädagogischer Förderung können sein:

- Lernen
- Sprache
- Emotionale und soziale Entwicklung
- Hören und Kommunikation
- Sehen
- Geistige Entwicklung

Die Entscheidung, wie und wo Ihr Kind gefördert wird, trifft die Schulaufsichtsbehörde. Gegen die Entscheidung können Sie Einspruch einlegen.

Bedenken Sie aber, dass wir zu der Überzeugung gekommen sind, dass für Ihr Kind die sonderpädagogische Förderung wichtig ist, um erfolgreich zu lernen.

Bitte kreuzen Sie unten an, welcher Termin für Sie günstig wäre. Bringen Sie bei Bedarf jemanden mit, der übersetzen kann.

Mit freundlichen Grüßen

....

Terminvorschläge:

- ❏ ....
- ❏ ....
- ❏ ....

- ❏ ....
- ❏ ....
- ❏ ....

© Verlag an der Ruhr ✕ 45422 Mülheim an der Ruhr ✕ www.verlagruhr.de ✕ **ISBN 978-3-8346-0271-8**   **Wenn Eltern und Kinder kein Deutsch verstehen …**

Erster Elternabend in der 1. Klasse,

Termin vor der Einschulung

Klasse: .... Datum: ....

Liebe Familie ....,

bald kommt .... zu uns in die Schule.

Wir freuen uns sehr auf unsere „Neuen". Bestimmt haben Sie schon viele Fragen.

Diese möchte ich gerne bei einem gemeinsamen Elternabend schon vor der Einschulung klären.

Dazu lade ich Sie herzlich ein:

am .... um .... Uhr

in unseren zukünftigen Klassenraum, ...

Herzliche Grüße

....

Bitte sagen Sie ab, falls Sie nicht kommen können.
Bitte bringen Sie, falls nötig, jemanden mit, der für Sie übersetzen kann.

Tagesordnung

Voraussichtliches Ende: ....

Erster Elternabend in der 1. Klasse,
Termin nach der Einschulung

Klasse: .... Datum: ....

Liebe Familie .... ,

.... ist gerade in unsere Schule gekommen,
und Sie haben bestimmt ganz viele Fragen. Diese möchte ich gerne bei einem gemeinsamen

Elternabend beantworten und Sie darüber informieren, was Sie und ....
im 1. Schuljahr erwartet.

Dazu lade ich Sie herzlich ein:

am .... um .... Uhr

in unseren Klassenraum, ...

Herzliche Grüße

....

Bitte sagen Sie ab, falls Sie nicht kommen können.
Bitte bringen Sie, falls nötig, jemanden mit, der für Sie übersetzen kann.

Tagesordnung

Voraussichtliches Ende: ....

Elternabend zum neuen Schul(halb)jahr

Klasse: ....   Datum: ....

Liebe Familie .... ,

zum neuen Schul(halb)jahr ändern sich einige Dinge. Um Sie darüber zu informieren,

lade ich Sie am .... um .... herzlich
zu einem Elternabend in unseren Klassenraum ein.

Herzliche Grüße

....

Bitte sagen Sie ab, falls Sie nicht kommen können.
Bitte bringen Sie, falls nötig, jemanden mit, der für Sie übersetzen kann.

Tagesordnung

Voraussichtliches Ende: ....

 Wenn Eltern und Kinder kein Deutsch verstehen …

Elternabend Schulneulinge

Klasse: .... Datum: ....

Liebe Familie .... ,

die Einschulung von .... steht kurz bevor,
und Sie haben bestimmt viele Fragen zu dieser neuen Lebensphase.

Am .... veranstalten wir um .... Uhr

in Raum .... einen Informationsabend, an dem wir Sie über das Lernen in unserer Schule
informieren und Ihre Fragen klären möchten.

Ihre Teilnahme ist wichtig für einen guten Schulstart von ....
und daher würden wir uns über Ihre Teilnahme sehr freuen.

Mit freundlichen Grüßen

....

Bitte bringen Sie, falls nötig, jemanden mit, der für Sie übersetzen kann.

Tagesordnung

Voraussichtliches Ende: ....

Einschulungsverfahren / Schnuppern

Klasse: ....   Datum: ....

Liebe Familie ....,

damit Ihr Kind schon vor der Einschulung ein bisschen Schulluft schnuppern kann,

veranstalten wir am .... von .... Uhr
einen Schnupper-Vormittag in der Schule.

.... spielt und lernt an diesem Tag
mit den zukünftigen Klassenlehrern und anderen Kindern, die ebenfalls eingeschult werden.

Die gemeinsamen Spiele und Aktivitäten helfen, sich bereits ein bisschen mit der Schule
vertraut zu machen, und geben uns die Möglichkeit, Ihr Kind ein wenig kennenzulernen.
Wir hoffen sehr, dass Ihr Kind teilnehmen kann.

Mit freundlichen Grüßen

....

Bitte sagen Sie ab, falls Ihr Kind nicht kommen kann.

  Wenn Eltern und Kinder kein Deutsch verstehen …

Eltern und Schule – Die wichtigsten Gremien

Schule verstehen wir als ein Miteinander von Eltern, Schülern und Lehrern. Wir freuen uns, wenn Sie Interesse an unserer Arbeit zeigen und diese mitgestalten. Das geschieht durch die Unterstützung bei unterschiedlichen Aktionen in der Klasse und in der Schule (Ausflug, Schulfest etc.), aber auch durch die Mitarbeit in verschiedenen Gremien.
Nachfolgend sind die wichtigsten Gremien der Grund- und Förderschule aufgelistet, in denen Eltern mitarbeiten können. Die gewählten Vertreter können dort Vorschläge und Ideen, aber auch Sorgen und Kritik der Eltern den Lehrern zu Gehör bringen. Es wird gemeinsam versucht, eine Lösung zu finden, und über bestimmte Dinge wird abgestimmt. Die Mehrheit der Stimmen ist dann entscheidend.

Klassenpflegschaft (KP)

Die *Klassenpflegschaft* besteht aus den Eltern einer Klasse, die sich in einer *Klassenpflegschaftssitzung* treffen. Der Klassenlehrer nimmt in der Regel ebenfalls an dieser Versammlung teil.
Hier werden alle wichtigen Dinge zur Klasse (z.B. Unterrichtsinhalte, Hausaufgaben, Schulveranstaltungen) besprochen. Manche Dinge werden auch abgestimmt. Die *KP* gibt Eltern die Möglichkeit, Einfluss auf die Arbeit in der Klasse zu nehmen. Die Eltern haben gemeinsam pro Kind eine Stimme. Der Klassenlehrer hat eine beratende Stimme.
In der *KP-Sitzung* wird ein Vorsitzender und ein Stellvertreter gewählt. Der Vorsitzende und/oder sein Stellvertreter setzen sich z.B. in der *Schulpflegschaft* für die Interessen der Klasse ein und nehmen auch an *Klassenkonferenzen* teil.
Zu jeder *KP-Sitzung* gibt es eine schriftliche Einladung. Wenn Sie ein Thema wichtig finden, können Sie es in die Tagesordnung aufnehmen lassen. Ab Klasse 7 kann auch der Klassensprecher teilnehmen.

Klassenkonferenz (KK)

Die *Klassenkonferenz* besteht aus allen Lehrern, die in dieser Klasse unterrichten und weiteren Personen, die in der Klasse arbeiten, z.B. Sozialpädagogen. Außerdem nehmen *Klassenpflegschaftsvorsitzende* und deren Stellvertreter sowie ab Klasse 7 der *Klassensprecher* und sein Stellvertreter teil. Sie haben jeweils eine beratende Stimme.
An Terminen, bei denen über die Leistungsbewertung einzelner Schüler gesprochen wird, dürfen nur die Lehrer und die weiteren Personen, die in der Klasse arbeiten, teilnehmen. Themen der *KK* sind z.B. Formen des Unterrichts, Ordnungsmaßnahmen, Versetzungen in die nächste Klasse, Zeugnisse, Übergangsempfehlungen für die weiterführenden Schulen. Abstimmungen zur Leistungsbewertung einzelner Schüler werden ohne *KP-Vorsitzenden* und *Klassensprecher* durchgeführt.

Schulpflegschaft (SP)

Die *Schulpflegschaft* besteht aus den *KP-Vorsitzenden* der verschiedenen Klassen. Stellvertreter können mit beratender Stimme teilnehmen. Der Schulleiter nimmt ebenfalls teil. Hier werden alle wichtigen Dinge zur Schule besprochen. Die *KP-Vorsitzenden* geben die Informationen in den *KP* an die anderen Eltern weiter. Umgekehrt vertreten die *KP-Vorsitzenden* die Sicht der Eltern. Auch zur *SP-Sitzung* wird schriftlich eingeladen. In der *SP-Sitzung* werden ein Vorsitzender und bis zu drei Stellvertreter gewählt. Außerdem werden die Elternvertreter für die Schulkonferenz gewählt. Die *SP* kann Anträge formulieren, über die in der *Schulkonferenz* abgestimmt wird.

Schulkonferenz (SK)

Die *Schulkonferenz* besteht aus den in der *SP-Sitzung* gewählten Vertretern der Eltern und den in der *Lehrerkonferenz* gewählten Vertretern der Lehrer. Wie viele Vertreter gewählt werden, hängt von der Größe der Schule ab:

Anzahl der Schüler	Elternvertreter	Lehrervertreter
bis 200	3	3
bis 500	6	6
mehr als 500	9	9

Themen der *SK* sind z.B.: Schulprogramm, Festlegung der beweglichen Ferientage, Umfang und Verteilung der Hausaufgaben, Einführung von neuen Schulbüchern.
Die *SK* ist Vermittler bei Konflikten innerhalb der Schule und kann Vorschläge an die Schulaufsichtsbehörde und den Schulträger richten.

Einladung zum Elternsprechtag

Klasse: .... Datum: ....

Liebe Familie ....,

am .... findet unser Elternsprechtag statt.
Bitte tragen Sie auf dem Abschnitt unten an, zu welchen Zeiten Sie können
bzw. nicht können und geben Sie diesen Zettel Ihrem Kind *morgen* wieder mit.
Ich werde versuchen, Ihre Terminwünsche so gut wie möglich zu berücksichtigen.

Die Sprechzeit liegt bei etwa .... min pro Eltern.

Ich werde Sie über die Leistungen von ....

in den einzelnen Fächern sowie über das Arbeits- und Sozialverhalten informieren und
Ihre Fragen beantworten.

Für .... ist es wichtig, dass Sie kommen.

Mit freundlichen Grüßen

....

- -

Bitte ausfüllen:

Elternsprechtag am: .... Name: ....

❏ Ich kann vormittags **und** nachmittags

❏ Ich kann **nur** vormittags bis: ....

❏ Ich kann **nur** nachmittags ab: ....

Wunschzeit: ....

Bitte freilassen:

Ihr Termin am Elternsprechtag, ... ist um .... Uhr.

Bitte bringen Sie bei Bedarf jemanden mit, der für Sie übersetzen kann.

Einladung zum Übergangsgespräch

Klasse: ....   Datum: ....

Liebe Familie ....,

die Grundschulzeit neigt sich dem Ende zu. Schon bald wird Ihr Kind auf eine weiterführende Schule gehen.

Am .... möchte ich mit Ihnen gemeinsam überlegen, welche Schulform

aus welchen Gründen für .... geeignet wäre.

Bitte tragen Sie auf dem Abschnitt unten an, zu welchen Zeiten Sie können bzw. nicht können
und geben Sie diesen Zettel Ihrem Kind morgen wieder mit.
Ich werde versuchen, Ihre Terminwünsche so gut wie möglich zu berücksichtigen.

Für .... ist es sehr wichtig, dass Sie kommen.

Mit freundlichen Grüßen

....

- -

Bitte ausfüllen:

Übergangsgespräch am: ....   Name: ....

❏ Ich kann vormittags **und** nachmittags

❏ Ich kann **nur** vormittags bis: ....

❏ Ich kann **nur** nachmittags ab: ....

Wunschzeit: ....

Bitte freilassen:

Ihr Termin zum Übergangsgespräch findet statt am .... um .... Uhr.

Bitte bringen Sie bei Bedarf jemanden mit, der für Sie übersetzen kann.

Terminvergabe für den Elternsprechtag

Klasse: _______________________   Datum: _______________________

Liebe Familie _______________________,

Ihr Elternsprechtag-Termin ist am _______________________ um _______________ Uhr.

Bitte bringen Sie bei Bedarf jemanden mit, der für Sie übersetzen kann.

Mit freundlichen Grüßen

____

Terminvergabe für das Übergangsgespräch

Klasse: _______________________   Datum: _______________________

Liebe Familie _______________________,

Ihr Übergangsgespräch findet statt am _______________________ um _______________ Uhr.

Bitte bringen Sie bei Bedarf jemanden mit, der für Sie übersetzen kann.

Mit freundlichen Grüßen

____

Klassenkasse

Klasse: ....   Datum: ....

Liebe Eltern,

das neue Halbjahr hat begonnen, und somit werden auch wieder der Kopiergeldanteil

von .... € und der Klassenkassenbeitrag von .... € fällig.

Zur Zeit sind noch .... € in der Klassenkasse. Die Liste der Ausgaben kann
bei Bedarf bei mir eingesehen werden.

Bitte geben Sie Ihrem Kind morgen .... € mit.

Mit freundlichen Grüßen

....

Milchgeld

Klasse: ....   Datum: ....

Liebe Eltern,

bitte geben Sie Ihren Kindern morgen das Kakaogeld für den Monat .... mit.

Es beträgt diesmal: Kakao / Vanille: .... €   Milch: .... €

Mit freundlichen Grüßen

....

Geld einsammeln – allgemein

Klasse: ....   Datum: ....

Liebe Eltern,

morgen sammle ich das Geld für .... ein.

Bitte geben Sie Ihrem Kind morgen .... € mit.

Mit freundlichen Grüßen

....

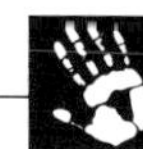

Klassenfahrt – Infobrief

Klasse: ....   Datum: ....

Liebe Familie ....,

hier noch einmal alle wichtigen Informationen zu unserer Klassenfahrt:

Termin: ....   Betreuer: ....

Ort: ....

Verpflegung und Unterkunft: ....   €

Fahrtkosten: ....   €

Die Erstattung der Kosten für ALG II-Empfänger ist auf Antrag möglich. Anträge sind im Sekretariat oder bei mir erhältlich. Außerdem gibt es in besonderen Fällen die Möglichkeit der Bezuschussung durch den Förderverein.

Die Kinder sind in nach Mädchen und Jungen getrennten .... Bett-Zimmern untergebracht.

Wir betreuen Ihr Kind und organisieren viele schöne Unternehmungen, sodass Heimweh erst gar nicht aufkommen sollte.

Die Mahlzeiten (Frühstück, Mittag- und Abendessen) nehmen wir gemeinsam ein.
Das Essen kann schon vorher gewählt werden nach fleischhaltig, muslimisch (ohne Schweinefleisch) oder vegetarisch (fleischfrei). Etwaige Nahrungsmittelallergien bitte ich mir vorher mitzuteilen.
Jede Schülerin / jeder Schüler ist laut Allgemeiner Schulordnung (AschO) zur Teilnahme an der Klassenfahrt verpflichtet. In Ausnahmefällen ist eine Befreiung möglich.

Bedenken Sie jedoch vor Ihrer Entscheidung, wie wichtig eine Klassenfahrt für die Stärkung des Gemeinschaftsgefühls, für die Selbstständigkeit und Eigenverantwortlichkeit Ihres Kindes ist. Für viele ist es vielleicht das erste Mal, dass Ihr Kind ohne Sie wegfährt. Vertrauen Sie darauf, dass Ihr Kind wichtige Erfahrungen sammeln wird und wir alles dafür tun werden, um es dabei zu unterstützen. Unsere Sorgfaltspflicht nehmen wir sehr ernst und sind Tag und Nacht für Ihr Kind da.

Bitte füllen Sie die nachfolgende vertrauliche Erklärung aus, damit ich weiß, ob Sie mit der Klassenfahrt einverstanden sind, bzw. begründen Sie, warum Ihr Kind nicht mitfahren soll. Abhängig davon, wie viele Eltern die Klassenfahrt befürworten, werde ich entscheiden, ob es sinnvoll ist, diese durchzuführen.

Falls Ihr Kind nicht mitfährt, muss es in dieser Zeit den Unterricht einer anderen Klasse besuchen. Gerne stehe ich Ihnen für etwaige Fragen zur Verfügung.

Mit freundlichen Grüßen

....

Klassenfahrt – Vertrauliche Erklärung

Familie: ....

❏ Ich bin damit einverstanden, dass mein Sohn/meine Tochter an der ....-tägigen

   Klassenfahrt vom .... bis .... teilnimmt.

❏ Ich bin nicht damit einverstanden, dass mein Sohn/meine Tochter an der ....-tägigen

   Klassenfahrt vom .... bis .... teilnimmt.

Begründung:

....

....

....

....

....

....

....

❏ Ich habe noch Gesprächsbedarf, bevor ich meine Entscheidung treffen kann,
   und bitte um einen persönlichen Gesprächstermin.

Mein Kind soll folgendes Essen bekommen (bitte ankreuzen):

❏ fleischhaltig
❏ muslimisch (kein Schweinefleisch)
❏ vegetarisch (fleischlos)

....

(Unterschrift)

Fehlen

Klasse: _______________________   Datum: _______________________

Liebe Familie ____,

bitte reichen Sie noch eine Entschuldigung für das Fehlen von _______________________

vom _________________________________ nach. Geben Sie bitte auch den Grund für das Fehlen an.

Mit freundlichem Gruß

____

Fehlende Hausaufgaben

Klasse: _______________________   Datum: _______________________

Liebe Familie ____,

____ hat heute zum wiederholten Male
keine Hausaufgaben. Die Hausaufgaben sind wichtig, um den Lernstoff gut zu behalten.

Achten Sie bitte mit darauf, dass ____
die Hausaufgaben erledigt. Diese werden immer in das Hausaufgabenheft eingetragen.

Falls es Verständnisschwierigkeiten gibt, sprechen Sie mich bitte an!

Vielen Dank für Ihre Mitarbeit und viele Grüße

____

Fehlende Materialien

Klasse: ....   Datum: ....

Liebe Familie ....,

.... fehlen folgende Materialien:

....

....

....

....

Bitte besorgen Sie diese so schnell wie möglich, da das Lernen sonst erschwert ist.

Vielen Dank für Ihre Mitarbeit und viele Grüße

....

Konflikte

Klasse: ....   Datum: ....

Liebe Familie ....,

leider reagiert .... im Streit mit anderen Kindern
häufig sehr aggressiv. Ich würde Sie deswegen gerne zu einem Gespräch bitten, in dem wir gemeinsam
überlegen, wie sich das ändern lässt.

Meine Terminvorschläge sind folgende:

❑ ....   ❑ ....

❑ ....   ❑ ....

Bitte kreuzen Sie an, wann es für Sie am günstigsten ist.
Bringen Sie bei Bedarf bitte jemanden mit, der übersetzen kann.

Mit freundlichem Gruß

....

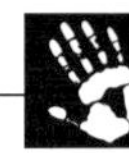

Störungen im Unterricht

Klasse: ________________________ Datum: ________________________

Liebe Familie ____ ,

____ stört in letzter Zeit häufig den Unterricht.

Ich würde Sie deswegen gerne zu einem Gespräch bitten, in dem wir gemeinsam überlegen,
wie sich das ändern lässt.

Meine Terminvorschläge sind folgende:

❏ ________________________________ ❏ ________________________________

❏ ________________________________ ❏ ________________________________

Bitte kreuzen Sie an, wann es für Sie am günstigsten ist.
Bringen Sie bei Bedarf jemanden mit, der übersetzen kann.

Mit freundlichem Gruß

____

Verspätungen

Klasse: ________________________ Datum: ________________________

Liebe Familie ____ ,

____ ist zum wiederholten Male zu spät
zum Unterricht erschienen.

Es ist wichtig, dass ________________________________ pünktlich hier ist.

Bitte achten Sie darauf, ________________________________ rechtzeitig
in die Schule zu schicken.

Vielen Dank für Ihre Mitarbeit und viele Grüße

____

Verkürzter Stundenplan

Achtung! Stundenplanänderung!

Klasse: ___________________   Datum: ___________________

Liebe Eltern,

am _____________________ haben alle Kinder nur von __________ bis __________ Uhr Unterricht.

Mit freundlichen Grüßen

____

Späterer Schulbeginn

Achtung! Stundenplanänderung!

Klasse: ___________________   Datum: ___________________

Liebe Eltern,

am _____________________ fällt _________________________________ aus.

Ihr Kind hat erst um ______________ Schule.

Mit freundlichen Grüßen

____

Früher Schluss

Achtung! Stundenplanänderung!

Klasse: ___________________   Datum: ___________________

Liebe Eltern,

am _____________________ fällt _________________________________ aus.

Ihr Kind hat nur bis ______________ Schule.

Mit freundlichen Grüßen

____

Infoblätter
Sekundarstufe I: Klasse 5 – 10

Nach der Grundschule kommt Ihr Kind auf eine neue Schule. In der Mehrzahl der Bundesländer sind die nachfolgend beschriebenen vier Schulformen vertreten. In einzelnen Bundesländern werden auch Haupt- und Realschule zu einer Schulform zusammengefasst (z.B. Thürigen und Sachsen). Die Gesamtschule gibt es nicht in allen Bundesländern. In der Haupt- und Realschule und im Gymnasium bilden die Klassen 5 und 6 die *Erprobungsstufe*.

In dieser Erprobungsstufe wird Ihr Kind automatisch von Klasse 5 in Klasse 6 versetzt. Die Lehrer beobachten und fördern Ihr Kind und erproben seine Kenntnisse, Fähigkeiten und Fertigkeiten. Am Ende der Klasse 6 wird dann gemeinsam mit Ihnen entschieden, ob Ihr Kind auf dieser Schule bleibt, oder ob eine andere Schulform besser geeignet wäre. Der Unterricht in Klasse 5 und 6 umfasst ca. 28 Stunden pro Woche. Ab Klasse 7 sind es dann ungefähr 30 Stunden.

---

1) Hauptschule

Hier kann ihr Kind verschiedene Abschlüsse erwerben:
- den Abschluss Hauptschule Klasse 9
- den Hauptschulabschluss nach Klasse 10, an den sich eine Ausbildung anschließen kann
- die Fachoberschulreife, an die sich z.B. der Besuch des Berufskollegs oder sogar der Wechsel ins Gymnasium oder die Sekundarstufe II der Gesamtschule (*nicht in allen Bundesländern*) anschließen können

  Als Fremdsprache wird ab Klasse 5 Englisch erlernt.

Pflichtfächer sind:
- Deutsch
- Gesellschaftslehre (*Geschichte/Politik, Erdkunde*)
- Mathematik
- Naturwissenschaften (*Biologie, Chemie, Physik*)
- Englisch
- Arbeitslehre (*Technik/Wirtschaft/Hauswirtschaft*)
- Musik/Kunst/Textilgestaltung
- Religionslehre
- Sport

Außerdem wird auf das spätere Arbeitsleben vorbereitet durch:
- Betriebserkundungen
- Praktika
- Vermittlung einer informations- und kommunikationstechnologischen Grundbildung (*Umgang mit dem PC, Internet etc.*) in den Klassen 7 – 9.

---

2) Realschule

Hier kann Ihr Kind einen Abschluss erwerben, der dem Abschluss Hauptschule Klasse 9 entspricht, oder es macht einen Sekundarabschluss I. Dieser ermöglicht je nach Leistung:
- den Eintritt ins Arbeitsleben nach Klasse 10
- den Übergang zum Berufskolleg
- den Wechsel in die Sekundarstufe II (Gymnasium oder Gesamtschule)

Pflichtfächer sind:
- Deutsch
- Gesellschaftslehre (*Geschichte/Politik, Erdkunde*)
- Mathematik
- Naturwissenschaften (*Biologie, Chemie, Physik*)
- Englisch (*1. Fremdsprache*)
- Musik/Kunst/Textilgestaltung
- Religionslehre
- Sport

Als 1. Fremdsprache wird Englisch ab Klasse 5 erlernt. In Klasse 7 lernt Ihr Kind eine 2. Fremdsprache kennen. In Klasse 8 können sich die Schüler dann entscheiden, welches weitere Fach sie wählen oder welches Fach sie vertiefen möchten, z.B.:
- 2. Fremdsprache, die in Klasse 7 kennengelernt wurde
- Physik, Chemie, Biologie
- Technik
- Informatik
- Sozialwissenschaften
- Musik und Kunst

In Klasse 9 können zum gewählten Schwerpunkt im Wahlpflichtbereich II weitere Schwerpunktsetzungen dazukommen. Außerdem wird eine informations- und kommunikationstechnologische Grundbildung (*Umgang mit PC, Internet etc.*) vermittelt. Diese dient als Vorbereitung auf das spätere Arbeitsleben.

3) Gymnasium

Auch auf dem Gymnasium kann Ihr Kind unterschiedliche Abschlüsse erwerben:

- Hauptschulabschlüssen gleichwertige Abschlüsse
  - nach Klasse 9
  - nach Klasse 10
- Sekundarabschluss I – Fachoberschulreife

In der Sekundarstufe II (ab Klasse 11) kommen dann weitere Abschlussmöglichkeiten hinzu (Fachhochschulreife, Abitur, Baccalauréat). Die Fachhochschulreife erlaubt das Studium an einer Fachhochschule, das Abitur darüber hinaus das Studium an einer deutschen Universität, das Baccalauréat je nach Art, das Studium an einer Universität im Ausland.

Pflichtfächer sind:

- Deutsch
- Gesellschaftslehre (*Geschichte/Politik, Erdkunde*)
- Mathematik
- Naturwissenschaften (*Biologie, Chemie, Physik*)

- 1. Fremdsprache (*ab Klasse 5*)
- 2. Fremdsprache (*ab Klasse 7*)
- Musik/Kunst/Textilgestaltung
- Religionslehre
- Sport

Die Pflichtfächer werden in der Regel im Klassenverband erteilt. Ab Klasse 7 erlernt Ihr Kind eine 2. Fremdsprache (*z.B. Latein, Italienisch, Französisch etc.*).

Englisch muss in jedem Fall als Fremdsprache gewählt werden, entweder als 1. oder 2. Fremdsprache.
In Klasse 9 kann eine 3. Fremdsprache oder ein anderer Schwerpunkt gewählt werden:

- mathematisch-naturwissenschaftlich-technischer Schwerpunkt
- gesellschaftswissenschaftlicher Schwerpunkt
- künstlerischer Schwerpunkt
- Kombinationen der Schwerpunkte

4) Gesamtschule

Die Gesamtschule verbindet die Bildungsgänge von Gymnasium, Real- und Hauptschule. Alle Kinder, die die Klasse 4 der Grundschule erfolgreich abgeschlossen haben, können zur Gesamtschule gehen. Es gibt keine Erprobungsstufe, da Ihr Kind hier jeden der beschriebenen Abschlüsse erwerben kann. Welcher Abschluss am besten geeignet ist, entscheiden Sie gemeinsam mit den Lehrern und Ihrem Kind. In den Klassen 5 – 9 gehen die Schüler automatisch nach den Sommerferien in die jeweils nächsthöhere Klasse. Es gibt kein Wiederholen einer Klasse, sondern alle Kinder werden innerhalb ihrer Klasse gefördert. Bis zu Beginn der Klasse 9 kann auch auf eine andere Schulform gewechselt werden.

Pflichtfächer sind:

- Deutsch
- Gesellschaftslehre (*Geschichte/Politik/Erdkunde*)
- Mathematik
- Naturwissenschaften (*Biologie, Chemie, Physik*)
- Englisch (*ab Klasse 5*)
- Arbeitslehre (*Technik/Wirtschaft/Hauswirtschaft*)
- Musik/Kunst/Textilgestaltung
- Religionslehre
- Sport

Eine 2. Fremdsprache kann in Klasse 7, 9 oder 11 gewählt werden, eine 3. Fremdsprache in Klasse 9. Für das Abitur

muss eine 2. Fremdsprache erlernt werden. In den Klassen 7 – 9 wird eine informations- und kommunikationstechnologische Grundbildung (*Umgang mit PC, Internet etc.*) vermittelt. Um den unterschiedlichen Interessen, Fähigkeiten und Fertigkeiten der Schüler gerecht zu werden, werden Kurse, kleinere Lern- und Fördergruppen gebildet. Ab Klasse 7 hat Ihr Kind die Möglichkeit, einen Schwerpunkt zu wählen, der ihm besonders gut gefällt. Folgende Bereiche werden angeboten:

- eine 2. Fremdsprache (*z.B. Französisch, Latein, Spanisch*)
- Arbeitslehre (*Technik/Wirtschaft/Hauswirtschaft*)
- Naturwissenschaften
- an manchen Schulen auch: Darstellen und Gestalten

Ab Klasse 9 kann ein zweiter Schwerpunkt gewählt werden. Dafür stehen die oben genannten Bereiche zur Wahl und weitere Angebote, wie z.B.:

- Maschinenschreiben
- Stenografie
- handwerkliche Angebote
- Kurse mit Inhalten aus Musik/Kunst/Textilgestaltung oder Sport

Gesamtschulen sind meistens Ganztagsschulen, das heißt, dass auch Unterricht am Nachmittag bis ca. 16.00 Uhr stattfinden kann.

Zeugnisausgabe 1. Klasse – Infobrief

Klasse: .... Datum: ....

Liebe Familie ....,

nächste Woche geht das 1. Schuljahr zu Ende, und Ihr Kind bekommt sein erstes Zeugnis.
Ich möchte Ihnen und Ihrem Kind dieses Zeugnis gerne persönlich aushändigen, sodass
wir darüber sprechen und etwaige Fragen klären können. Für die Zeugnisausgabe habe
ich folgende Termine vorgesehen:

❑ ....

❑ ....

❑ ....

❑ ....

Bitte teilen Sie mir auf dem Abschnitt unten mit, welcher der Termine für Sie am günstigsten wäre.
Ich werde versuchen, Ihre Wünsche so gut wie möglich zu berücksichtigen, und teile Ihnen Ihren Termin
in den nächsten Tagen mit.

Mit freundlichen Grüßen

....

Bitte ausfüllen und Ihrem Kind wieder mitgeben

– –

Zeugnisausgabe am: ....

Für mich wäre .... am günstigsten.

Am liebsten wäre mir .... Uhr.   Ich kann nur um .... Uhr.

....

(Unterschrift)

Zeugnisausgabe 1. Klasse – Terminvergabe

Klasse: ________________________   Datum: ________________________

Liebe Familie ____,

ich habe so gut wie möglich versucht, Ihre Terminwünsche für die Zeugnisausgabe zu berücksichtigen. Vorrang hatten natürlich die Eltern, die nur zu einer bestimmten Uhrzeit konnten.

Falls Sie Ihren Termin nicht wahrnehmen können, so teilen Sie mir dies bitte bis ________________ mit.

Es besteht dann die Möglichkeit, dass ich Ihrem Kind eine Kopie des Zeugnisses mitgebe, die Sie dann bitte unterschrieben Ihrem Kind wieder mitgeben.

Gegen diese unterschriebene Kopie bekommt es dann am ________________ das Original-Zeugnis ausgehändigt.

Mit freundlichen Grüßen

____

Ihr Termin für die Zeugnisausgabe ist am ________________ um ________________ Uhr.

Zeugnisausgabe

Klasse: ________________________   Datum: ________________________

Liebe Familie ____,

bitte unterschreiben Sie die beigefügte Zeugniskopie, und geben Sie diese Ihrem Kind morgen unterschrieben wieder mit. Gegen diese unterschriebene Kopie bekommt

____ dann das Original-Zeugnis ausgehändigt.

Mit freundlichen Grüßen

Abschlussgottesdienst (S. 28) – Uhrzeit [von – bis] und Name der Kirche eintragen.

Ausflug (S. 28) – Namen der Familie eintragen. Datum mit Wochentag, Ausflugsort und Abfahrtszeit eintragen. Namen des Kindes, zeitlicher Treffpunkt und voraussichtliche Ankunftszeit eintragen. Schulschluss ergänzen. Materialien aus der Wörterliste „Ausflug" (S. 146/147) übernehmen.

Gemeinsames Frühstück (S. 29) – Angabe der Stunde mit Uhrzeit, z.B. 1. Stunde (8.15 – 9.00 Uhr), aus der Wörterliste „Frühstück" (S. 153/154) die Dinge auswählen, die mitzubringen sind.

Gesundes Frühstück (S. 29) – Datum mit Wochentag, Schulstunde mit Uhrzeit eintragen. Aus der Wörterliste „Frühstück" entsprechende Zutaten auswählen und eintragen.

Laternenbasteln (S. 30) – Datum mit Wochentag und Schulstunde mit Uhrzeit eintragen.

Laternenumzug (S. 30) – Datum mit Wochentag, Uhrzeiten und Ort eintragen.

Plätzchen backen (S. 31) – Datum mit Wochentag und Uhrzeit eintragen. Ggf. Plätzchen durch Pizza o.Ä. ersetzen.

Feste allgemein (S. 31) – Datum mit Wochentag, Uhrzeit und Art der Veranstaltung (aus der Wörterliste „Bezeichnungen für Feste" auswählen) eintragen.

Betreuung (S. 32) – Zeit und Kosten des Betreuungsangebotes, Namen der Betreuungsperson und Schuljahr eintragen. Mit Schulstempel versehen.

Förderschule (S. 33) – Familiennamen und Terminvorschläge eintragen. Nach Möglichkeit selbst einen Übersetzer organisieren und den Hinweis auf den Übersetzer streichen.

Erster Elternabend in der 1. Klasse, Termin vor der Einschulung (S. 34) – Familiennamen, Namen des Kindes, entsprechende Daten und Zeiten sowie Raumnummer eintragen. Tagesordnungspunkte und voraussichtliches Ende eintragen.

Erster Elternabend in der 1. Klasse, Termin nach der Einschulung (S. 35) – Familiennamen, Namen des Kindes, entsprechendes Datum mit Wochentag und Zeiten sowie Raumnummer eintragen. Tagesordnungspunkte und voraussichtliches Ende eintragen.

Elternabend zum neuen Schul(halb)jahr (S. 36) – Familiennamen und entsprechendes Datum mit Wochentag und Zeiten eintragen. Tagesordnungspunkte und voraussichtliches Ende eintragen. Die korrekte Formulierung wäre Klassenpflegschaftssitzung statt Elternabend. Diesen Ausdruck gab es jedoch in keiner der ausgewählten Sprachen, er wurde immer mit Elternversammlung oder Elternabend übersetzt. Da die Klassenpflegschaftsvorsitzenden zu den Sitzungen einladen, hängen Sie deren deutsche Einladung stets mit an und unterschreiben Sie beide den übersetzten und von Ihnen ergänzten Brief.

Elternabend Schulneulinge (S. 37) – Familiennamen, Namen des Kindes und entsprechendes Datum mit Wochentag und Uhrzeit einfügen. Tagesordnungspunkte und voraussichtliches Ende eintragen.

Einschulungsverfahren/Schnuppern (S. 38) – Familiennamen, Namen des Kindes und entsprechende Daten einfügen. Voraussichtliches Ende eintragen.

Einladung zum Elternsprechtag (S. 40) – Familienname, Datum mit Wochentag, Zeitspanne der Sprechzeit und Name des Kinder zweimal eintragen.
Unterer Abschnitt: Datum und Familienname eintragen, sodass die Eltern nur noch ankreuzen und ihre Wunschzeit eintragen müssen. Von ihnen festgesetzter Zeitpunkt des Elternsprechtags (Datum mit Wochentag, Uhrzeit) eintragen.

Einladung zum Übergangsgespräch (S. 41) – Familiennamen und entsprechende Daten eintragen, sodass die Eltern nur noch ankreuzen und ihre Wunschzeit eintragen müssen. Bei den Übergangsgesprächen bietet es sich ggf. an, selbst einen Übersetzer zu organisieren. Streichen Sie dann den Hinweis auf den Übersetzer.

Terminvergabe für den Elternsprechtag (S. 42) – Familiennamen und entsprechende Daten eintragen.

Terminvergabe für das Übergangsgespräch (S. 42) – Familiennamen und entsprechende Daten eintragen. Ggf. selbst einen Übersetzer organisieren.

Klassenkasse/Milchgeld/Geld einsammeln (S. 43) – Beträge, Daten und Sammelzweck einsetzen.

Klassenfahrt-Infobrief (S. 44) – Namen, Daten und Kosten für Verpflegung, Unterkunft und Fahrt einsetzen und Nichtzutreffendes streichen.

Klassenfahrt – Vertrauliche Erklärung (S. 45) – Familiennamen, Dauer und Zeitpunkt der Klassenfahrt eintragen.

Fehlen/Fehlende Hausaufgaben (S. 46) – Familiennamen, Namen des Kindes und Zeitpunkt eintragen.

Fehlende Materialien (S. 47) – Familienname, Namen des Kindes eintragen. Materialien aus der Wörterliste „Material" einsetzen.

Konflikte (S. 47) – Familienname, Namen des Kindes und Terminvorschläge eintragen.

Störungen im Unterricht (S. 48) – Familienname, Namen des Kindes und Terminvorschläge eintragen.

Verspätungen (S. 48) – Familiennamen, Namen des Kindes dreimal eintragen.

Stundenplanänderungen (S. 49) – Tag, Datum und Uhrzeiten bzw. Stunden- oder Fächerangaben (z.B. 5. Stunde oder Deutsch) eintragen.

Zeugnissausgabe 1. Klasse (S. 52/53) – Daten, Familiennamen, Termine und Zeiten eintragen.

Zeugnisausgabe (S. 53) – Familiennamen und Namen des Kindes eintragen.

Elternbriefe
Türkisch

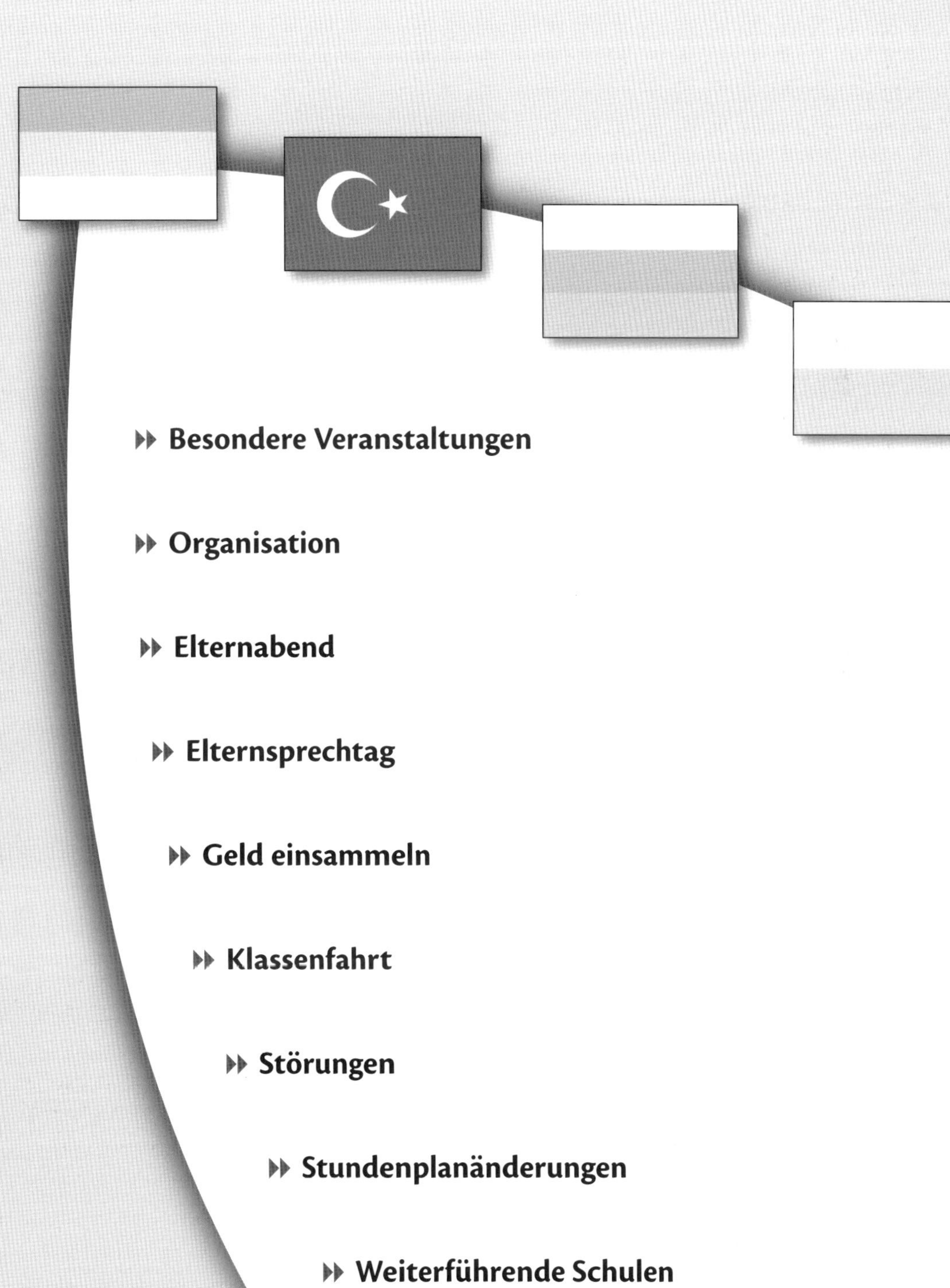

- ▶▶ **Besondere Veranstaltungen**
- ▶▶ **Organisation**
- ▶▶ **Elternabend**
- ▶▶ **Elternsprechtag**
- ▶▶ **Geld einsammeln**
- ▶▶ **Klassenfahrt**
- ▶▶ **Störungen**
- ▶▶ **Stundenplanänderungen**
- ▶▶ **Weiterführende Schulen**
- ▶▶ **Zeugnisse**

Abschlussgottesdienst

sınıf: ....

tarih: ....

Sevgili anne ve babalar,

yarın dersten sonra saat ....
(Uhrzeit)

.... bir
(Ort)

dini ayinimiz var. Oradan çocuklar evlerine veya okula gidecekler.

Eğer dini sebeplerden dolayı çocuğunuzun bu ayine katılmasını istemiyorsanız, bunu lütfen aşağıda belirtiniz.

❏ Benim çocuğum dini sebeplerden dolayı ayine katılmasın ve onun yerine eve gelsin.

....
(imza)

Ausflug

sınıf: ....

tarih: ....

Sevgili .... ailesi,

.... günü
(Datum)

....
(Ort)

bir gezi düzenliyoruz. Otobüs saat .... a
(Uhrzeit)

kalkacak. .... saat
(Name des Kindes)

.... a okulda olması gerekiyor.
(Uhrzeit)

Yaklaşık saat .... a doğru geri
(Uhrzeit)

döneceğiz.

Saat .... a okul saati bitecektir.
(Uhrzeit)

Bu gün çocuklara şunlar lazım:

....

....

....

Saygılarla

Gemeinsames Frühstück

sınıf: ....   tarih: ....

Sevgili anne ve babalar,

yarın .... beraber kahvaltı yapmak istiyoruz.
(Angabe der Stunde)
Bu nedenle çocuğunuz aşağıdaki eşyaları getirmesi gerekiyor:

....

....

....

....

Saygılarla

....

Gesundes Frühstück

sınıf: ....   tarih: ....

Sevgili anne ve babalar,

.... beraber sağlıklı kahvaltı yapmak istiyoruz.
(Datum)   *(Angabe der Stunde)*
Kim yardım etmek ister ve kimin bunun için zamanı var?
Lütfen aşağıya belirtiniz ve bu kağıdı yarın çocuğunuzla beraber gönderiniz.

Kim ne getirebilir? Lütfen işaretleyiniz.

❑ ....   ❑ ....

❑ ....   ❑ ....

❑ ....   ❑ ....

❑ ....   ❑ ....

Saygılarla

....

   Wenn Eltern und Kinder kein Deutsch verstehen …

Laternenbasteln

sınıf: ....   tarih: ....

Sevgili anne ve babalar,

.... Laterne'larımızı yapacağız. Kimin zamanı var ve
(Datum)   *(Ort)*
kim yardım etmek ister? Lütfen aşağıya belirtiniz ve bu kağıdı yarın çocuğunuzla beraber gönderiniz.

Isim:

....

....

Saygılarla

....

Laternenumzug

sınıf: ....   tarih: ....

Sevgili anne ve babalar,

.... Laterne gezintimiz var. Saat .... Laterne'larla
(Datum)   *(Uhrzeit)*
.... buluşacağız.
(Ort)
Gezintimiz yaklaşık saat .... kadar sürecek.
(Uhrzeit)

Saygılarla

....

Plätzchen backen

sınıf: ....   tarih: ....

Sevgili anne ve babalar,

.... çocuklarla beraber kurabiye yapacağız.
(Datum)
Yardım edebilirseniz sevinirim. Kim yardım etmek ister ve kimin zamanı var?
Lütfen aşağıya belirtiniz ve bu kağıdı yarın çocuğunuzla beraber gönderiniz.

Saygılarla

....

❑ Ben kurabiye hazırlarken yardım edebilirim ....
(isim)

❑ Ben kurabiye hamuru hazırlayıp getirebilirim ....
(isim)

Feste allgemein

sınıf: ....   tarih: ....

Sevgili anne ve babalar,

.... saat .... bizim .... var.
(Datum)   *(Uhrzeit)*   *(Veranstaltung)*
Eğer gelebilirseniz, çok sevinirim.

Saygılarla

....

➲ Çocukların saat .... okulda olmaları gerekiyor.

Betreuung

sınıf: .... tarih: ....

Sevgili anne ve babalar,

çocuğunuzun her gün aynı saatlerde dersi yok. Bazen bir ders iptal ediliyor ve çocuğunuz
okuldan erken çıkıyor veya okula geç başlıyor. Bu her şeyden önce anne ve babanın
çalıştığı ailelerde büyük bir problem.

Bizim okulumuzun bir bakım teklifi var. Bu, çocuğunuzun her gün saat ....
(Uhrzeit von …)

den ....'e kadar bakımını sağlar.
(Uhrzeit bis …)

Dersten önce ve sonra çocuğunuz oraya gidebilir ve başka çocuklarla beraber ders yapıp oyun oynayabilir.
Bu bakım telifi için çocuğunuzu kaydedebilirsiniz.

Fiyatı: .... €

.... grubu idare etmektedir.

Lütfen aşağıda bu teklifimizden yararlanmak isteyip istemediğinizi bildiriniz.

– –

Öğretim yılı: .... Çocuğun adı: ....

Ben çocuğumu bakım için kaydetmek istiyorum.

....
(imza)

Förderschule

sınıf: .... tarih: ....

Sevgili .... ailesi,

konuştuğumuz gibi çocuğunuzun gelişmesi ve okuldaki başarısı bizim düşüncemize göre özel bir eğitim gerektiriyor.
Bu özel eğitim normal derste yapılamaz. Dolayısıyla Förderschule'dan (destek okulundan) bir arkadaşla beraber çocuğunuz için en iyi eğitimin hangisi olduğunu ve bunun nerede verilebileceğini düşünmek istiyoruz. Bu yüzden bir AO-SF (özel pedagojik eğitim ihtiyacı prosedürü) başlatıyorum. Özel bir görüşmede sizlere bu prosedürü açıklamak istiyoruz.

Ama ben size şimdiden bir kaç bilgi vermek istiyorum:
Destek okulunun öğretmeni bir kaç test yapacak. Sizinle konuşup gözlemlerimizi yazacağız. Ayrıca okul doktoru da çocuğunuzu muayene edecek. Bundan sonra çocuğunuzun nasıl ve nerede eğitim alması gerektiğini yazılı bir raporda önereceğiz.
Bu öneri şöyle olabilir: destek okulundan bir öğretmen bazı derslerde bizim sınıfımıza gelip çocuğunuzu ayrıca destekleyebilir.
Ama çocuğunuzun ilkokuldan bir destek okuluna gönderilmesi de gerekebilir. Çünkü orada çocuğunuz daha iyi bir eğitim alabilir.

Özel pedagojik desteklemenin ağırlıklı çalışmaları:

➲ Öğrenmek

➲ Dil

➲ Duygusal ve sosyal gelişme

➲ Işitme ve komünikasyon

➲ Görme

➲ Zihinsel gelişme

Çocuğunuzun nerede ve nasıl eğitim alacağına okul denetim makamı (Schulaufsichtsbehörde) karar veriyor. Bu karara itiraz edebilirsiniz.
Şunu unutmayınız ki, çocuğunuzun başarılı öğrenebilmesi için, özel pedagojik eğitiminin çok önemli olduğunu düşünüyoruz.

Lütfen aşağıda hangi görüşme randevusuna gelebileceğinizi işaretleyiniz.
Eğer ihtiyacınız var ise, tercüme edecek birisini de getiriniz.

Saygılarla

....

Görüşme tarihleri:

❏ ....   ❏ ....

❏ ....   ❏ ....

❏ ....   ❏ ....

Erster Elternabend in der 1. Klasse,

Termin vor der Einschulung

sınıf: .... tarih: ....

Sevgili .... ailesi,

.... yakında okula başlayacak.
(Name des Kindes)

„Yeni öğrencilerimize" çok seviniyoruz. Mutlaka şimdiden bir çok sorunuz vardır.

Bu sorularınızı okul başlamadan önce veliler toplantısında cevaplamak istiyorum.

Bunun için sizleri davet ediyorum:

.... saat .... a bizim sınıfımız
(Datum)   *(Uhrzeit)*

olacak odada ....
(Klassenraum)

Saygılarla

....

Gelemezseniz, lütfen haber veriniz.
Eğer bir tercümana ihtiyacınız varsa, lütfen birisini getiriniz.

Konuşulacak konular

Toplantının bitiş saati (bu tabii ki sizlerin sorularınıza bağlıdır): ....

Erster Elternabend in der 1. Klasse,

Termin nach der Einschulung

sınıf: .... tarih: ....

Sevgili .... ailesi,

.... yeni okula başladı ve sizin bir çok sorunuz vardır.
(Name des Kindes)
Bunları veliler toplantısında cevaplamak istiyorum.

Birinci sınıfta sizi ve .... neler beklediğini açıklamak istiyorum.

Bunun için sizleri davet ediyorum:

.... saat ....
(Datum)   *(Uhrzeit)*

sınıfımızda ....
(Klassenraum)

Saygılarla

....

Gelemezseniz, lütfen haber veriniz.
Eğer bir tercümana ihtiyacınız varsa, lütfen birisini getiriniz.

Konuşulacak konular

Toplantının bitiş saati (bu tabii ki sizlerin sorularınıza bağlıdır): ....

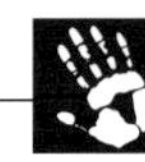

Elternabend zum neuen Schul(halb)jahr

sınıf: .... tarih: ....

Sevgili .... ailesi,

yeni okul (yarı) döneminde bazı şeyler değişiyor. Bunları sizlerle konuşmak için,

hepinizi .... saat .... 'a sınıfımızda
(Datum)   (Uhrzeit)
veliler toplantısına davet ediyorum.

Saygılarla

....

Gelemezseniz, lütfen haber veriniz.
Eğer bir tercümana ihtiyacınız varsa, lütfen birisini getiriniz.

Konuşulacak konular

Toplantının bitiş saati (bu tabii ki sizlerin sorularınıza bağlıdır): ....

Elternabend Schulneulinge

sınıf: .... tarih: ....

Sevgili .... ailesi,

.... in okula başlamasına az kaldı.
(Name des Kindes)

Çocuğunuzun bu yeni yaşam dönemine ilişkin mutlaka sorularınız vardır.

.... gün saat .... numaraları odada
(Datum)   *(Uhrzeit)*   *(Raumnummer)*

bir bildiri toplantısı var. Burada sizlere okulumuzdaki eğitim üzerine bilgiler vermek ve sizlerin sorularını

cevaplamak istiyoruz.

.... in iyi bir okul başlangıcı için bu toplantıya katılmanız önemlidir.
(Name des Kindes)

Katılabilirseniz çok seviniriz.

Saygılarla

....

Eğer bir tercümana ihtiyacınız varsa, lütfen birisini getiriniz.

Konuşulacak konular

Toplantının bitiş saati (bu tabii ki sizlerin sorularınıza bağlıdır): ....

Einschulungsverfahren / Schnuppern

sınıf: ....   tarih: ....

Sevgili .... ailesi,

çocuğunuz okula başlamadan önce okulumuzu tanıması için ....
(Datum)

tarihinde saat ....'dan ....'a kadar bir tanışma günü düzenliyoruz.
       (Uhrzeit von …)   *(Uhrzeit bis …)*

.... okula başlayacak öbür çocuklarla ve gelecek sınıf
       (Name des Kindes)

öğretmeniyle beraber oyun oynayarak ve öğrenerek öğretmeniyle ve arkadaşlarıyla tanışacak.

Beraber oyunlar ve aktiviteler bizim için de çocuklarla tanışma fırsatı oluyor.

Çocuğunuzun bu güne katılmasını ümitle bekliyoruz.

Saygılarla

....

Çocuğunuz gelemezse, lütfen haber veriniz.

Eltern und Schule – Die wichtigsten Gremien
Ebeveynler ve okul – En önemli kurullar

Bizim düşüncemize göre ebeveynler, öğrenciler ve öğretmenler beraber çalışarak okul hayatını gerçekleştirirler. Bizim işimize ilgi gösterip bizi desteklerseniz, çok memnun oluruz. Mesela sınıfın ve okulun değişik aktivitelerinde (sınıf gezisi, okul bayramı …) bizlere yardımcı olabilirsiniz. Ama değişik kurullara katılarak da okul hayatını şekillendirmeye yardımcı olabilirsiniz.

Aşağıda ilkokulda ve destek-okullarında ebeveynlerin katılabilecekleri en önemli kurullar açıklanmıştır.

Seçilen vekiller bu kurullarda ebeveynlerin düşüncelerini, fikirlerini ve tabii ki eleştirilerini ve endişelerini öğretmenlere iletebilirler. Bunun üzerine beraber çözüm aranır. Bazı konularda oylama gerekir. En çok oyu alan karar geçerlidir.

Sınıf Aile Birliği (Klassenpflegschaft)

Sınıf *aile birliği* bir sınıfın anne ve babalarından oluşur. Bunlar sınıf öğretmeniyle beraber sınıf aile birliği toplantısında *(Klassenpflegschaftssitzung)* toplanıp sınıfın en önemli konularını (mesela ders konularını, ev ödevlerini, okul aktivitelerini) konuşurlar. Bazı konularda oylama yapılır. Bu toplantı, anne babalara sınıftaki çalışmalara katılma imkanı sağlar. Ebeveynlerin çocuk başına toplam bir oy hakkı vardır. Sınıf öğretmeninin fikir verme hakkı vardır.

Bu toplantıda bir başkan ve bir başkan yardımcısı seçilir. Bunların görevi, örneğin okul toplantılarına sınıfın yararları için katılmalarıdır. Sınıf toplantılarına katılmak zorundadırlar. Her toplantıya yazılı bir davetiye gönderilir. Sizin bu toplantıda görüşmek istediğiniz bir konu varsa, gündem listesine yazdırabilirsiniz. 7. sınıftan itibaren sınıf başkanı da bu toplantıya katılabilir.

Sınıf toplantısı (Klassenkonferenz)

Sınıf *toplantısına* bütün sınıfta çalışan insanlar katılır, öğretmenler ve mesela sosyal pedagoglar. Bunun dışında sınıf aile birliği başkanı *(Klassenpflegschaftsvorsitzende)* ve yardımcısı, 7. sınıftan itibaren sınıf başkanı ve yardımcısı da katılırlar. Onların beraber bir fikir veren oy hakları vardır. Öğrencilerin notları konuşulan toplantılara sadece sınıfta çalışanlar katılabilirler.

Sınıf toplantısının konuları mesela ders şekilleri, disiplin kuralları, sınıf'ta kalma veya sınıfı geçme, karneler, beşinci sınıf için okul tavsiyeleri olabilir.

Öğrencilerin not oylamalarına sınıf aile birliği başkanı *(Klassenpflegschaftsvorsitzende)* ve sınıf başkanı katılamaz.

Okul Aile Birliği (Schulpflegschaft)

Okul aile birliği toplantısına *(Schulpflegschaft)* değişik sınıfların aile birliği başkanları *(Klassenpflegschaftsvorsitzende)* katılır. Yardımcıları fikir verme amacıyla katılabilirler. Bu toplantıya müdür de katılır.

Burada okulla ilgili önemli konular konuşulur. Sınıf aile birliği başkanları sınıf toplantısı kararlarını bildirirler. Sınıf aile birliği başkanları ebeveynlerin düşüncelerini temsil ederler.

Bu toplantı için de yazılı bir davetiye gönderilir. Burada bir başkan ve üç yardımcıya kadar yardımcı seçilir. Bunun dışında okul toplantısı için ebeveyn temsilcisi seçilir.

Bu toplantıda okul toplantısında kararlaştırılması gereken teklifler önerilebilir.

Okul Konferansı (Schulkonferenz)

Okul konferansına okul aile birliği toplantısında *(Schulpflegschaft)* seçilen temsilci ebeveynler ve öğretmen toplantısında seçilen öğretmen temsilcileri katılır. Okulun büyüklüğüne göre temsilci seçilir.

Öğrenci sayısı	Ebeveyn temsilcileri	Öğretmen temsilcileri
200'e kadar	3	3
500'e kadar	6	6
500'den fazla	9	9

Okul konferansının konuları mesela şunlar olabilir: Okul programı, seçilebilen tatil günlerinin kararlaştırılması, ev ödevleri, yeni okul kitapları.

Okul konferansı okul içerisindeki uyuşmazlıklarda aracı olur. Ayrıca okula ve okul denetim makamına teklifler sunulabilir.

Einladung zum Elternsprechtag

sınıf: .... tarih: ....

Sevgili .... ailesi,

.... günü veliler toplantısı olacak. Lütfen aşağıda hangi
(Datum)

saatlerde gelebileceğinizi veya hangi saatlerde gelemeyeceğinizi işaretleyiniz ve bu kağıdı
yarın çocuğunuzla tekrar okula gönderiniz. İstediğiniz görüşme saatlerinizi dikkate almaya çalışacağım.

Her veli için konuşma süresi aşağı yukarı .... dakikadır.
(Minutenzahl)

.... 'in derslerdeki başarıları üzerine ve çalışma ve sosyal
(Name des Kindes)

davranışları üzerine bilgi vereceğim ve sizlerin sorularını cevaplandıracağım.

.... için toplantıya gelmeniz önemlidir.
(Name des Kindes)

Saygılarla

....

- -

Lütfen doldurunuz:

Toplantı günü: .... İsim: ....

❏ Öğleden önce **ve** sonra zamanım var

❏ Ben **sadece** öğleden önce gelebilirim saat .... 'a kadar

❏ Ben **sadece** öğleden sonra gelebilirim saat .... dan itibaren

İstediğim saat: ....

____

Lütfen doldurmayınız:

.... veliler toplantısında geleceğiniz saat: ....
(Datum)   *(Uhrzeit)*

Lütfen ihtiyacınız var ise, tercüme edecek birisini getiriniz.

Einladung zum Übergangsgespräch

sınıf: ....   tarih: ....

Sevgili .... ailesi,

ilkokul zamanı bitmek üzere. Yakında çocuğunuz başka bir okula gidecek.

.... günü sizinle beraber ....
    (Datum)   *(Name des Kindes)*

için hangi okulun hangi sebeplerden dolayı en iyi okul olduğunu görüşmek istiyorum.

Lütfen aşağıda hangi saatlerde gelebileceğinizi veya hangi saatlerde gelemeyeceğinizi işaretleyiniz
ve bu kağıdı yarın çocuğunuzla tekrar okula gönderiniz. İstediğiniz görüşme saatlerinizi dikkate almaya
çalışacağım.

.... için toplantıya gelmeniz önemlidir.
         (Name des Kindes)

Saygılarla

____

Lütfen doldurunuz:

Görüşme günü: ....   İsim: ....

❏ Öğleden önce **ve** sonra zamanım var

❏ Ben **sadece** öğleden önce gelebilirim saat ....'a kadar

❏ Ben **sadece** öğleden sonra gelebilirim saat ....dan itibaren

İstediğim saat: ....

Lütfen doldurmayınız:

5.sınıf için tavsiye edilen okul görüşmesi .... günü
                                      (Datum)

saat ....'de.
   (Uhrzeit)

Lütfen ihtiyacınız var ise, tercüme edecek birisini getiriniz.

Terminvergabe für den Elternsprechtag

sınıf: ....   tarih: ....

Sevgili .... ailesi,

sizin .... günü veliler toplantısında görüşme saatiniz .... ' dır.
(Datum) _(Uhrzeit)_

Lütfen ihtiyacınız var ise, tercüme edecek birisini getiriniz.

Saygılarla

....

Terminvergabe für das Übergangsgespräch

sınıf: ....   tarih: ....

Sevgili .... ailesi,

5.sınıf için tavsiye edilen okul görüşmesi .... günü saat .... ' de.
(Datum) _(Uhrzeit)_

Lütfen ihtiyacınız var ise, tercüme edecek birisini getiriniz.

Saygılarla

....

Klassenkasse

sınıf: _______________________   tarih: _______________________

Sevgili anne ve babalar,

yeni okul dönemi başladı ve bu yüzden sizler tekrar _______________ € kopye parası ve

_______________ € sınıf kasası için ödemeniz gerekiyor.

Şu anda sınıf kasamizda _______________ € var. Gerekirse istediğiniz zaman

harcamalarımızın listesine bende bakabilirsiniz.

Lütfen çocuğunuz ile yarın okula _______________ € gönderiniz.

Saygılarla

____

Milchgeld

sınıf: _______________________   tarih: _______________________

Sevgili anne ve babalar,

lütfen çocuğunuza yarın _______________ ayı için kakao parasını veriniz.
                              (Monat)
Bu sefer: kakao/vanilya: _______________ €   süt: _______________ €

Saygılarla

____

Geld einsammeln – allgemein

sınıf: _______________________   tarih: _______________________

Sevgili anne ve babalar,

yarın _______________________________________ için para topluyorum.

Lütfen çocuğunuzla _______________ € gönderiniz.

Saygılarla

____

   Wenn Eltern und Kinder kein Deutsch verstehen …

Klassenfahrt – Infobrief

sınıf: .... tarih: ....

Sevgili .... ailesi,

burada tekrar sınıf gezimizle ilgili en önemli bilgileri veriyorum:

Tarih: .... Sorumlu kişiler: ....
                                                                      (Betreuer)

Yer: ....
(Ort)

Kalacağımız yer ve besleme: .... €
(Kosten für Verpflegung/Unterkunft)

Gezi fiyatı: .... €
(Fahrtkosten)

Müracaat edilirse ALG II alanlar gezi masraflarını geri alabilirler. Müracaat formları sekretaryadan veya benden alınabilir. Bunun dışında özel durumlarda Förderverein' ın da parasal destek verme imkanı var.

Çocuklar ....yataklık odalarda kalacaklardır. Kız ve erkek öğrenciler ayrı odalarda kalacaklar.

Biz çocuklarınızla en iyi şekilde ilgileneceğiz ve onlarla çok güzel geziler yapacağız. Bu yüzden onlar hiç yurtsamadan geri dönecekler.

Öğlen, sabah ve akşam beraber yemek yiyeceğiz. Yemeklerimizi önceden seçebiliriz: Etli yemek veya müslüman (domuz etsiz) yemek veya vejeteryan (etsiz) yemek arasında seçebilirsiniz. Lütfen herhangi bir yiyecek alerjisini bana önceden bildiriniz. Okul yasasına göre her öğrenci sınıf gezisine katılmak zorundadır. İstisnai durumda bir katılmama izni verilebilir.

Lütfen karar vermeden önce, sınıf gezisinin beraberlik hissini güçlendirmek için, çocuğunuzun özerkleşmesi için ve sorumluluk taşıması için ne kadar önemli olduğunu göz önüne alınız.
Belki çocuğunuz ilk sefer yanında siz olmadan bir yere gidiyordur. Şuna inanın ki çocuğunuz çok önemli tecrübeler toplayacaktır ve bizler onu en iyi şekilde destekleyeceğiz.

Biz sorumluluk görevimizi çok ciddi alıyoruz ve çocuğunuza gündüz ve gece dikkat edeceğiz.
Sınıf gezisini kabul ettiğinizi veya hangi sebeplerden dolayı çocuğunuzu göndermediğinizi öğrenebilmem için, lütfen aşağıdaki güvenli açıklamayı doldurunuz.

Sınıf gezisini gerçekleştirmemiz, bu seyahati kabul eden veli sayısına bağlıdır.
Eğer çocuğunuz geziye katılmayacaksa başka sınıfların dersine katılmak zorundadır.
Bütün sorularınıza memnuniyetle zaman ayıracağım.

Saygılarla

....

Klassenfahrt – Vertrauliche Erklärung

Güvenli açıklama

Sevgili _________________________________ ailesi,

❏ Kızımın/oğlumun ____________ günlük ____________ den ____________ a kadar süren sınıf
             (Anzahl der Tage)   *(Datum von …)*   *(Datum bis …)*
   gezisine katılmasını kabul ediyorum.

❏ Kızımın/oğlumun ____________ günlük ____________ den ____________ a kadar süren
             (Anzahl der Tage)   *(Datum von …)*   *(Datum bis …)*
   sınıf gezisine katılmasına izin vermiyorum.

Sebep:

____

____

____

____

____

____

❏ Kararımı vermeden önce sizinle görüşmek istiyorum.
   Lütfen bana bir görüşme termini veriniz.

Çocuğuma lütfen aşağıda işaretlediğim yemeği veriniz (lütfen işaretleyiniz):

❏ etli
❏ müslüman (domuz etsiz)
❏ etsiz

____

(imza)

   Wenn Eltern und Kinder kein Deutsch verstehen …

Fehlen

sınıf: _____________________   tarih: _____________________

Sevgili _________________________________ ailesi,

lütfen _________________________________ 'nin _________________ okula gelmediği
(Name des Kindes)   *(Datum)*

için mazeretini yazıp gönderiniz. Okula gelememesinin sebebini de açıklayınız.

Saygılarla

____

Fehlende Hausaufgaben

sınıf: _____________________   tarih: _____________________

Sevgili _________________________________ ailesi,

_________________________________ tekrar ev ödevlerini yapmamış.
(Name des Kindes)

İşlenen konuları unutmamak için ev ödevlerinin yapılması çok önemlidir.

Lütfen _________________________________ 'nin ev ödevlerini yapmasına
(Name des Kindes)

dikkat ediniz. Bunları her zaman ev ödevi defterine yazıyoruz. Eğer derslerini anlamadığı

için yapamıyorsanız, bunu bana bildiriniz.

Emekleriniz için teşekkür ederim. Selamlar.

____

Fehlende Materialien

sınıf: ....   tarih: ....

Sevgili .... ailesi,

.... 'nin şu malzemeleri eksik:
(Name des Kindes)

....

....

....

....

Derste iyi çalişabilmek için, lütfen bunları en kısa zamanda alınız.

Emekleriniz için teşekkür ederim. Selamlar.

....

Konflikte

sınıf: ....   tarih: ....

Sevgili .... ailesi,

maalesef .... başka çocuklarla kavga ederken
(Name des Kindes)

sık sık çok agresif davranıyor. Bu nedenle sizinle konuşmak istiyorum. Çocuğunuzun bu davranışını
nasıl değiştirebiliriz diye beraber düşünelim.

Benim görüşme saati önerilerim şunlar:

❑ ....   ❑ ....

❑ ....   ❑ ....

Lütfen ne zaman sizin için uygun ise, orayı işaretleyiniz.
Eğer ihtiyacınız var ise, tercüme edecek birini getiriniz.

Saygılarla

....

Störungen im Unterricht

sınıf: ....   tarih: ....

Sevgili .... ailesi,

.... son zamanda sık sık derste rahatsız ediyor.
(Name des Kindes)

Bu nedenle sizinle konuşmak istiyorum. Çocuğunuzun bu davranışını nasıl değiştirebiliriz
diye beraber düşünelim.

Benim görüşme saati önerilerim şunlar:

❑ ....   ❑ ....

❑ ....   ❑ ....

Lütfen ne zaman sizin için uygun ise, orayı işaretleyiniz.
Eğer ihtiyacınız var ise, tercüme edecek birini getiriniz.

Saygılarla

....

Verspätungen

sınıf: ....   tarih: ....

Sevgili .... ailesi,

.... tekrar derse geç kaldı.
(Name des Kindes)

Derse zamanında gelmesi çok önemli.

Lütfen çocuğunuzu zamanında okula göndermeye dikkat ediniz.

Emekleriniz için teşekkür ederim. Selamlar.

....

Verkürzter Stundenplan

Dikkat! Ders planı değişimi!

sınıf: .... tarih: ....

Sevgili anne ve babalar,

bütün çocukların .... günü saat .... dan/den .... 'a
(Datum) kadar dersleri var. *(Uhrzeit von …)* *(Uhrzeit bis …)*

Saygılarla

....

Späterer Schulbeginn

Dikkat! Ders planı değişimi!

sınıf: .... tarih: ....

Sevgili anne ve babalar,

.... günü .... yok.
Datum) *(Unterrichtsfach)*

Çocuğunuz saat .... okulda olması gerekiyor.
(Uhrzeit)

Saygılarla

....

Früher Schluss

Dikkat! Ders planı değişimi!

sınıf: .... tarih: ....

Sevgili anne ve babalar,

.... günü .... yok.
(Datum) *(Unterrichtsfach)*

Bu yüzden çocuğunuzun sadece saat .... 'a kadar okulu var.
(Uhrzeit)

Saygılarla

....

   Wenn Eltern und Kinder kein Deutsch verstehen …

Infoblätter

Sekundarstufe I: Klasse 5 – 10

Dördüncü sınıftan sonra devam eden okullar (*Sekundarstufe I: 5'inci sınıftan 10'uncu sınıfa kadar*)

Çocuğunuz ilkokuldan sonra yeni bir okula başlayacak. Çoğu eyalette aşağıda tanıttığımız dört okul şekli vardır. Bazı eyaletlerde *Haupt-* ve *Realschule* beraber olarak tek okul şeklindedirler (mesela *Thüringen* ve *Sachsen'da*). *Gesamtschule* bazı eyaletlerde yoktur. *Haupt-* ve *Realschule* ve *Gymnasium'da* 5. ve 6. sınıf deneme etabıdır (*Erprobungsstufe*).

Bu etapta çocuğunuz otomatikman 5. sınıftan 6. sınıfa geçecektir. Öğretmenler çocuğunuzu gözlemler, destekler ve bilgilerini, yeteneklerini ve becerilerini denerler. 6. sınıfın sonunda sizinle beraber çocuğunuzun bu okulda kalacağına veya onun için başka bir okul şekli daha iyi olacağına karar verilir. 5. ve 6. sınıfta haftalık ders saati yaklaşık 28 saattir. 7. sınıftan itibaren yaklaşık 30 saat.

1) Hauptschule

Burada çocuğunuz değişik mezuniyetler elde edebilir:

- *Hauptschule'nın* 9. sınıf mezuniyeti
- 10. sınıftan sonraki *Hauptschule* mezuniyeti, bununla bir meslek eğitimi başlatabilir
- *Fachoberschulreife* mezuniyeti, bununla *Berufskolleg'e* (meslek okuluna) veya *Gymnasium'a* veya *Gesamtschule'nin Sekundarstufe II'sine* (bazı eyaletlerde) gidebilir

5. sınıftan itibaren yabancı dil olarak İngilizce öğretiliyor.

Bunun dışında mecburi dersler:

- Almanca
- Sosyal bilgiler (*tarih, politik ve coğrafya*)
- Matematik
- Fen bilgisi (*biyoloji, kimya, fizik*)
- İngilizce
- Çalışma bilgisi (*teknik/ekonomi/ev idaresi dersi*)
- Müzik/resim/tekstil
- Din dersi
- Spor

Bunun dışında gelecek iş hayatlarına şunlarla hazırlanıyorlar:

- işletme ziyaretleri
- stajlar
- 7. sınıftan 9. sınıfa kadar enformasyon ve komünikasyon teknolojisinin temel bilgileri öğretiliyor (*bilgisayarla çalışma, internet ...*)

2) Realschule

Burada da çocuğunuz *Hauptschule'nin* 9. uncu sınıf mezuniyetini başarabilir. Veya bir *Sekundarabschluss I* mezuniyeti alabilir. Bu mezuniyetin başarısına göre şu imkanları vardır:

- 10'uncu sınıftan sonra meslek hayatına başlama imkanı
- bir meslek okuluna (*Berufskolleg*) devam etme imkanı
- *Gymnasium'daki* veya *Gesamtschule'daki Sekundarstufe II 'ya* devam etme imkanı

mecburi dersler:

- Almanca
- Sosyal bilgiler (*tarih, politik ve coğrafya*)
- Matematik
- Fen bilgisi (*biyoloji, kimya, fizik*)
- İngilizce (*1. yabancı dil*)
- Müzik/resim/tekstil
- Din dersi
- Spor

5. sınıftan itibaren 1. yabancı dil olarak İngilizce öğretiliyor. Çocuğunuz 7. sınıfta 2. yabancı dilini öğreniyor. 8. sınıfta öğrenciler kendileri ders seçebilecekler veya hangi dersi ağırlıklı çalışmak istediklerini seçebilecekler. Mesela:

- 7. sınıfta öğrenilen 2. yabancı dili
- fizik, kimya, biyoloji
- teknik
- bilgi işlem (*Informatik*)
- sosyal bilgiler
- müzik ve resim

9'uncu sınıftan itibaren seçilen ağırlıklı ders bölümlerine (*Wahlpflichtbereich II*) daha başka ağırlıklı seçimler eklenebilir.

Öğrencileri gelecek iş hayatına hazırlamak için, enformasyon ve komünikasyon teknolojisinin temel bilgileri öğretiliyor (bilgisayarla çalışma, internet ...).

3) Gymnasium

Çocuğunuz *Gynasium'dada* farklı mezuniyetler elde edebilir:

➲ *Hauptschule* mezuniyetlerine eşdeğer mezuniyetler
- 9. sınıftan sonra
- 10. sınıftan sonra

➲ *Sekundarabschluss I* mezuniyeti – *Fachoberschulreife* (teknik yüksek okul mezuniyeti)

Sekundarstufe II'de (11. sınıftan sonra) daha iyi mezuniyet imkanları vardır: *Fachhochschulreife* (teknik yüksek okul mezuniyeti), *Abitur*, bakalorya. *Fachhochschulreife* (teknik yüksek okul mezuniyeti) ile bir meslek yüksek okulunda öğrenim yapılabilir. *Abitur* ile Almanyadaki her teknik yüksek okullarında ve her alman üniversitesinde öğrenim yapılabilir. Bazı bakaloryalarla yurtdışındaki üniversitelerde okunabilir.

Mecburi dersler:

➲ Almanca

➲ Sosyal bilgiler (*tarih, politik ve coğrafya*)

➲ Matematik

➲ Fen bilgisi (*biyoloji, kimya, fizik*)

➲ 1. yabancı dil (*5. sınıftan itibaren*)

➲ 2. yabancı dil (*7. sınıftan itibaren*)

➲ Müzik/resim/tekstil

➲ Din dersi

➲ Spor

Mecburi dersler genelde bütün sınıfla beraber görülür. 7. sınıftan itibaren çocuğunuz 2. yabancı dil öğreniyor (*mesela: Latince, İtalyanca, Fransızca ...*).

İngilizce 1. veya 2. yabancı dil olarak mutlaka seçilmesi gerekiyor. 9. sınıfta 3. yabancı dil seçilebilir veya bir başka ders ağırlıklı olarak seçilebilir:

➲ matematik- fen bilgisi-teknik

➲ sosyal bilgiler

➲ sanatsal bölüm

➲ ağırlıklı ders bölümlerinin bileşimi

4) Gesamtschule

Gesamtschule bütün eğitim dallarını, *Gymnasium, Real-* ve *Hauptschule'yı* birleştiriyor. İlkokulun 4. sınıfını başarılı bitiren bütün çocuklar, *Gesamtschule'ya* gidebilirler. Çocuğunuz burada açıkladığımız bütün mezuniyetleri elde edebileceği için, bu okulda deneme etabı yoktur (*Erprobungsstufe*). 5'inci sınıftan 9'uncu sınıfa kadar öğrenciler yaz tatilinden sonra otomatikman sınıfı geçiyorlar. Sınıfta kalmak yoktur. Çocuklar sınıf içerisinde başarılarına göre destek ve eğitim alıyorlar. 9'uncu sınıfın başına kadar, okul değiştirme imkanı vardır.

Mecburi dersler:

➲ Almanca

➲ Sosyal bilgiler (*tarih, politik ve coğrafya*)

➲ Matematik

➲ Fen bilgisi (*biyoloji, kimya, fizik*)

➲ İngilizce (*5. sınıftan itibaren*)

➲ Çalışma bilgisi (*teknik/ekonomi/ev idaresi dersi*)

➲ Müzik/resim/tekstil

➲ Din dersi

➲ Spor

7'inci, 9'uncu veya 11'inci sınıflarda 2. yabancı dil seçilebilir. 9'uncu sınıfta 3. yabancı dil seçilebilir. Bakalorya

(Abitur) için mutlaka 2. yabancı dil öğrenilmesi gerekiyor. 7'inci sınıftan 9'uncu sınıfa kadar öğrencilere enformasyon ve komünikasyon teknolojisinin temel bilgileri öğretiliyor (bilgisayarla çalışma, internet ...).

Öğrencilerin farklı ilgilerine, yeteneklerine ve kabiliyetlerine cevap verebilmek için, kurslar, küçük öğrenim ve eğitim grupları oluşturulur.

7'inci sınıftan itibaren, çocuğunuz çok beğendiği bir dersi ağırlıklı ders olarak seçebilir.

Bu bölümler şunlardır:

➲ 2. yabancı dil (*mesela: Fransızca, Latince, İspanyolca*)

➲ Çalışma bilgisi (*teknik/ekonomi/ev idaresi dersi*)

➲ Fen bilgisi

➲ Bazı okullarda: Canlandırmak ve düzenlemek.

9'uncu sınıftan itibaren 2. ağırlıklı bölüm seçilebilir. Yukarıdaki imkanların yanı sıra aşağıdaki önerilerden seçilebilir, mesela:

➲ Daktilo ile yazmak

➲ Stenografi

➲ El sanatı önerileri

➲ Müzik/resim/tekstil veya spor kursları

Genelde *Gesamtschule'lar* bütün gün okullarıdır. Yani, öğleden sonra saat. 16.00'ya kadar ders olabilir.

 Wenn Eltern und Kinder kein Deutsch verstehen ...

Zeugnisausgabe 1. Klasse – Infobrief

sınıf: .... tarih: ....

Sevgili .... ailesi,

gelecek hafta birinci sınıf bitecek ve çocuğunuz ilk karnesini alacak. Size ve çocuğunuza
karnesini şahsi olarak vermek istiyorum. Aynı zamanda karne üzerinde konuşur ve sorularınızı
cevaplayabilirim. Karne vermek için aşağıdaki saatleri öneriyorum:

❑ ....

❑ ....

❑ ....

❑ ....

Lütfen aşağıda hangi randevu sizin için uygun olduğunu işaretleyiniz.
Size uygun olan saatleri göz önüne almaya çalışıp, sizlerin randevusunu
bir kaç gün içerisinde bildireceğim.

Saygılarla

....

Lütfen doldurunuz ve çocuğunuzla tekrar gönderiniz

- -

Karne verme günü: ....

Bizim için .... en uygundur.

En uygun saat .... 'dir.   Ben sadece saat .... 'da gelebilirim.

....
(imza)

  © Verlag an der Ruhr ✕ 45422 Mülheim an der Ruhr ✕ www.verlagruhr.de ✕ ISBN 978-3-8346-0271-8

Zeugnisausgabe 1. Klasse – Terminvergabe

sınıf: ....   tarih: ....

Sevgili .... ailesi,

en iyi şekilde size uygun olan randevuyu seçmeye çalıştım. Tabii ki sadece belirli saatlerde
zamanı olan veliler en önde yer aldılar.

Eğer randevuya gelemezseniz, lütfen bana .... gününe kadar haber veriniz.
(Datum)

O zaman çocuğunuza karnesinin kopyasını verme imkanımız var. Bu kopyayı lütfen imzalayıp
çocuğunuzla tekrar gönderiniz.

Bu imzalı kopyayı aldıktan sonra, ... günü çocuğunuza orijinal karnesini vereceğim.
(Datum)

Saygılarla

....

Karne almak için randevunuz .... günü saat .... 'de.
(Datum)   *(Uhrzeit)*

Zeugnisausgabe

sınıf: ....   tarih: ....

Sevgili .... ailesi,

lütfen aldığınız karne kopyasını imzalayınız.

Bu imzalı karneyi yarın çocuğunuzla tekrar okula gönderiniz.

İmzalı karne kopyasına karşılık .... orijinal karnesini alacaktır.
(Name des Kindes)

Saygılarla

....

 Wenn Eltern und Kinder kein Deutsch verstehen …

Elternbriefe
Russisch

Abschlussgottesdienst

класс: ....   дата: ....

Уважаемые родители,

завтра, сразу же после уроков ....
(Uhrzeit)

часов, начнётся служба в ....

.... церкви.
(Ort)

После службы дети идут домой или обратно в школу. Если Вы из религиозных соображений не хотите, чтобы Ваш ребёнок посетил церковь, сделайте пометку в нижней части листа.

❑ По религиозным причинам мой ребёнок не должен посещать церковь, а вместо этого должен идти домой.

....

(подпись)

Ausflug

класс: ....   дата: ....

Уважаемая семья .... ,

.... мы хотим совершить
(Datum)

экскурсию в ....
(Ort)

....

Автобус отправляется в .... часов.
(Uhrzeit)

ваш ребёнок должен быть в ....
(Uhrzeit)

часов около школы. Около .... часов
(Uhrzeit)

мы возвратимся назад.

Окончание уроков в .... часов.
(Uhrzeit)

В этот день детям нужно:

....

....

....

С уважением

....

Gemeinsames Frühstück

класс: ....   дата: ....

Уважаемые родители,

завтра мы хотим провести совместный завтрак.

Для этого каждый ребёнок должен принести с собой:

....

....

....

....

С уважением

....

Gesundes Frühstück

класс: ....   дата: ....

Уважаемые родители,

.... мы хотим подготовить здоровый завтрак.
    (Datum)

Кто хотел бы нам помочь? Пожалуйста, запишитесь внизу и отдайте этот лист

завтра назад в школу. Что Вы можете принести? Отметьте.

❑ ....   ❑ ....

❑ ....   ❑ ....

❑ ....   ❑ ....

❑ ....   ❑ ....

С уважением

....

Laternenbasteln

класс: _______________   дата: _______________

Уважаемые родители,

_______________________________ мы будем мастерить светящиеся домики «латерны».
(Datum)

У кого есть возможность и желание нам помочь? Пожалуйста, запишитесь

внизу и отдайте этот лист завтра назад в школу.

Имя:

____

____

С уважением

____

Laternenumzug

класс: _______________   дата: _______________

Уважаемые родители,

_______________________________ пройдёт наша прогулка с латерной.
(Datum)

Мы встречаемся в _______________ часов около _______________ .
                        (Uhrzeit)   *(Ort)*

Прогулка закончится примерно в _______________ часов.
                                       (Uhrzeit)

С уважением

____

Plätzchen backen

класс: _______________________   дата: _______________________

Уважаемые родители,

_______________________ я буду печь с детьми печенье. Охотно мы примем Вашу помощь.
(Datum)
Кто мог бы оказать нам поддержку? Пожалуйста, запишитесь внизу и отдайте этот лист
завтра назад в школу.

С уважением

____

❑ Я помогу в выпечке печенья _______________________
(Имя)

❑ Я могу приготовить тесто _______________________
(Имя)

Feste allgemein

класс: _______________________   дата: _______________________

Уважаемые родители,

_______________________ у нас будет проходить _______________ в ___________ часов.
(Veranstaltung)   *(Datum)*   *(Uhrzeit)*
С удовольствием приглашаю Вас и буду рада, если Вы сможете прийти.

С уважением

____

➲ Дети должны прийти в школу в _______________ часов.
(Uhrzeit)

Betreuung

класс: ....   дата: ....

Уважаемые родители,

не каждый день у Вашего ребёнка одинаковое количество уроков.
Иногда какой-то урок отменяется и учебный день заканчивается раньше или наоборот,
начинается позже. Для родителей, которые оба работают, это очень серьёзная проблема.

В нашей школе существует группа продлённого дня, где под присмотром учителя Ваш

ребёнок каждый день с .... и до .... может находиться.
                              (Uhrzeit)   *(Uhrzeit)*

До или после уроков вместе с другими детьми он может учиться и играть.
Если в Вашей семье есть такая необходимость, то Вы можете записаться в такую группу.

Стоимость .... €

Группу ведёт ....

Пожалуйста, сообщите нам о Вашем решении.

Учебный год: ....   Фамилия, имя ребёнка: ....

Я хочу записать моего ребёнка в группу продлённого дня.

....
(подпись)

Förderschule

класс: .... дата: ....

Уважаемая семья ....,

после проведённого с Вами разговора о развитии, успехах и успеваемости Вашего ребёнка, мы пришли к общему мнению о необходимости перевода .... *(Name)* (на особенный род обучения, т.к. в условиях нормального урока не возможно его хорошее развитие. Поэтому мне необходимо посоветоваться с коллегой из Förderschule, какой именно вид работы наиболее подойдёт для нормального развития Вашего ребёнка и в каких условиях и где лучше всего это сделать. Я проведу по этой причине AO-SF (Verfahren zur Feststellung des sonderpädagogischen Förderbedarfs). Результаты положения будут донесены моим коллегой и мной до Вашего сведения в разговоре при личной встрече.

Я уже сейчас хотела бы познакомить Вас с некоторой информацией проведения нашей встречи:
Учитель из Förderschule проведёт несколько тестирований и запишет свои наблюдения, касающиеся Вашего ребёнка. Кроме того, школьный врач тоже проведёт обследование. После всех наблюдений мы вынесем решение о том, где и как лучше всего продолжать своё обучение.

Одна из возможностей состоит в том, что мой коллега из Förderschule будет приходить к нам на некоторые уроки, для специальных занятий с Вашим ребёнком. Но может быть возникнет необходимость перевода из обычной начальной школы в специализированную (Из Grundschule в Förderschule), т.к. в ней Ваш ребёнок получит наиболее полный спектр возможностей особого обучения.

Основные направления работы (sonderpädagogischer Förderung) могут быть:

➲ Умение учиться

➲ Язык

➲ Эмоциональное и социальное развитие

➲ Умение слушать и коммуницировать

➲ Умение видеть, наблюдать

➲ Умственное развитие

Выбор места и вида работы с Вашим ребёнком зависит от Schulaufsichtsbehörde. Но всё же Вы имеете право возражения против заключительного решения, если оно Вас не устраивает.
Не забудте только, что особенный род обучения (sonderpädagogische Förderung) необходим для успешной учёбы и развития. В этом мы уверенны!

Пожалуйста, отметьте, какое время встречи наиболее удобно для Вас.
При необходимости, приведите, пожалуйста, переводчика.

С уважением

....

Возможное время встречи:

❑ ....   ❑ ....

❑ ....   ❑ ....

❑ ....   ❑ ....

  Wenn Eltern und Kinder kein Deutsch verstehen …

Erster Elternabend in der 1. Klasse,

Termin vor der Einschulung

класс: .... дата: ....

Уважаемая семья .... ,

очень скоро .... придёт к нам в школу.
(Name des Kindes)

Мы с радостью ждем наших новичков. Наверняка у вас возникла масса вопросов.

Я приглашаю Вас на собрание перед началом учебного года, где я с удовольствием отвечу на все ваши вопросы.

Собрание состоится:

.... в .... часов в нашей будущей
(Datum)   (Uhrzeit)

классной комнате ....
(Klassenraum)

С уважением

....

Пожалуйста, сообщите, если Вы не сможете прийти.
При необходимости приведите, пожалуйста, переводчика.

На повестке дня

Предположительное окончание: ....

Wenn Eltern und Kinder kein Deutsch verstehen …   © Verlag an der Ruhr ✕ 45422 Mülheim an der Ruhr ✕ www.verlagruhr.de ✕ ISBN 978-3-8346-0271-8

Erster Elternabend in der 1. Klasse,

Termin nach der Einschulung

класс: _______________________   дата: _______________________

Уважаемая семья _______________________,

_______________________ поступил в нашу школу и у Вас наверняка
(Name des Kindes)

возникли вопросы. Поэтому я хочу Вас пригласить на первое собрание, где я отвечу на все

интересующие Вас вопросы и расскажу о наших планах и программе на первый год обучения.

Собрание состоится:

_______________________ в _______________________ часов в нашей
(Datum)   *(Uhrzeit)*

классной комнате _______________________.
(Klassenraum)

С уважением

____

Пожалуйста, сообщите, если Вы не сможете прийти.
При необходимости приведите, пожалуйста, переводчика.

На повестке дня

Предположительное окончание: _______________________

Elternabend zum neuen Schul(halb)jahr

класс: ....   дата: ....

Уважаемая семья .... ,

к началу нового полугодия произойдут некоторые изменения. Я расскажу Вам о них

на следующем собрании, которое состоится .... в ....
                                    (Datum)   *(Uhrzeit)*

часов в нашей классной комнате.

С уважением

....

Пожалуйста, сообщите, если Вы не сможете прийти.
При необходимости приведите с собой переводчика.

На повестке дня

Предположительное окончание: ....

Elternabend Schulneulinge

класс: ______________________   дата: ______________________

Уважаемая семья ____ ,

через очень короткое время Ваш(а) сын (дочь) ______________________
(Name des Kindes)

станет учеником нашей школы. Наверняка у Вас возникла масса вопросов относительно нового

периода жизни Вашего ребёнка.

____ мы проведём информационный вечер

(Datum)   *(Uhrzeit)*

в помещении ______________ .
(Raumnummer)

Мы представим Вам учителей нашей школы и ответим на все вопросы.

Посещение Вами этого собрания очень важно для успешного начала учебного года Вашим ребёнком, поэтоиму отнеситесь, пожалуйста, серьёзно к нашему приглашению.

Мы очень рады встрече с Вами.

С уважением

____

Пожалуйста, сообщите, если Вы не сможете прийти.

На повестке дня

Предположительное окончание: ____

Einschulungsverfahren / Schnuppern

класс: ....   дата: ....

Уважаемая семья .... ,

для знакомства вашего ребёнка со школой, мы проводим ....
(Datum)

« День знакомств ». Начало в .... часов.
(Uhrzeit)

Дети будут играть и учиться в своих будущих классных комнатах с будущими учителями и однокласниками
Совместные игры и занятия помогут Вашему ребёнку немного сблизиться со школой и дадут возможность
нам познакомиться с нашим будущим учеником.

Мы очень надеемся, что .... сможет принять участие в
(Name des Kindes)
« Дне знакомств ».

С уважением

....

Пожалуйста, сообщите, если Вы не сможете прийти.

Eltern und Schule – Die wichtigsten Gremien

Родители и школа – сотрудничество необходимо

Понятие школы объединяет для нас совместную работу родителей, учеников и учителей. Мы всегда рады любому проявлению интереса к нашей работе и любой помощи. Помощь может быть самой различной: от участия в классной работе до сопровождения наших экскурсий или праздников, а также в работе различных групп. Ниже приводятся самые главные группы начальной и спецшкол, в которых могут работать родители. Выбранные представители могут вносить предложения и идеи, а также доносить до учителей критику и волнения родителей. Совместными усилиями мы постараемся найти решения наших проблем. Некоторые предложения будут решаться голосованием. Решение будет принято большинством голосов.

Klassenpflegschaft (KP)

Все родители класса составляют вместе *Klassenpflegschaft*, и периодически собираются на собрания *Klassenpflegschaftssitzung*. Классный руководитель тоже принимает участие в таких собраниях. На собраниях обсуждаются самые важные события жизни класса. Например: содержание уроков, учебный материал на текущее полугодие, домашние задания, мероприятия, проводимые в школе. Некоторые вопросы тоже обсуждаются голосованием. Такое собрание *(KP)* даёт родителям возможность оказать влияние на работу в классе. Если голосуют оба родителя, то право их голоса расчитано на одного ребёнка. Голос учителя имеет право только на совет. Родительское собрание *(KP-Sitzung)* выбирает родительский комитет, его главного представителя и заместителя. В последствии они принимают участие в конференциях и заботятся об интересах класса. На каждое родительское собрание *(KP-Sitzung)* Вы получите приглашение от учителя. Если у Вас есть какая – либо интересная тема, Вы можете добавить её в повестку дня. Начиная с 7 класса в родительских собраниях может участвует староста.

Klassenkonferenz (KK)

В классной конференции принимают участие все учителя, работающие с Вашим классом и другие сотрудники, например, педагоги по социальной работе. Кроме них – представитель родительского комитета *(Klassenpflegschaftsvorsitzende)* и его заместитель, а также начиная с 7 класса и староста класса *(Klassensprecher)*. Каждый из троих имеет рекомендательное право голоса. Во время заседаний, на которых обсуждаются вопросы успеваемости отдельных учеников,

могут присутствовать только учителя и другие сотрудники, работающие с этим классом. Темы таких конференций: формы уроков, правила поведения, перевод в следующий класс, аттестаты, характеристика для перевода в следующую школу. Голосование на темы, касающиеся успеваемости, проводятся без участия представителей родительского комитета *(KP-Vorsitzende)* и старосты *(Klassensprecher)*.

Schulpflegschaft (SP)

Собрание школы состоит из представителей родительского комитета *(KP-Vorsitzenden)* разных классов. Их заместители имеют только рекомендательное право голоса. Директор школы тоже принимает участие в собрании школы. Здесь обсуждаются все важнейшие вопросы школы. Представители родительского комитета *(KP-Vorsitzenden)* передают затем всю информацию в родительский комитет *(KP)*. Во время собрания представители родительского комитета выступают от лица родителей и защищают их интересы. На школьное собрание тоже рассылаются приглашения. На нём выбирают председателя школьного комитета и его 3 (или менее) заместителей. Кроме того будут выбраны представители родителей для школьной конференции. Собрание школы составляет формуляры, которые потом утверждаются на школьной конференции.

Schulkonferenz (SK)

Школьная конференция состоит из собранием школы *(SP-Sitzung)* выбранных представителей и конференцией учителей *(Lehrerkonferenz)* выбранных представителей учителей. Число представителей обоих групп зависит от числа учащихся:

Число учащихся	Представители родителей	Представители учителей
до 200	3	3
до 500	6	6
Более чем 500	9	9

Темы школьной конференции: школьная программа, установление свободных от учёбы дней, содержание и размер домашних заданий, выбор и ввод новых учебников. Школьная конференция – посредник при конфликтах на уровне школы и имеет право вносить предложения в орган школьного надзора.

Einladung zum Elternsprechtag

класс: ___________________   дата: ___________________

Уважаемая семья ___________________ ,

наше собеседование с родителями будет проходить ___________________ .
(Datum)

Пожалуйста, заполните нижнюю часть письма, указав удобное Вам время (а также невозможные часы прихода), и отдайте эту записку Вашему ребенку завтра с собой в школу. По возможности я постараюсь учесть Ваши пожелания.

Каждому родителю выделенно ___________________ минут времени.
(Minutenzahl)

Я расскажу вам об успеваемости и поведении ___________________
(Name des Kindes)

по отдельным предметам, а также отвечу на все Ваши вопросы.

Для ___________________ Ваш приход очень важен.
(Name des Kindes)

С уважением

____

- -

Пожалуйста, заполнить:

Собеседование с родителями ___________________ Фамилия, имя: ___________________

❏ Я могу до **и** после обеда

❏ Я могу **только** до обеда до ___________________ часов

❏ Я могу **только** после обеда с ___________________ часов

Самое подходящее время: ___________________

____

Не заполнять:

Ваше время для собеседования ___________________ в ___________________ часов.
(Datum) *(Uhrzeit)*

Пожалуйста, приведите при необходимости переводчика!

Einladung zum Übergangsgespräch

класс: .... дата: ....

Уважаемая семья ....,

заканчивается время обучения Вашего ребенка в начальной школе. Очень скоро он должен

будет перейти в следующую школу. .... я хочу пригласить Вас на
(Datum)

разговор о том, какая форма дальнейшего обучения по моим соображениям наиболее подойдет

.... и почему.
(Name des Kindes)

Пожалуйста, заполните нижнюю часть письма, указав удобное вам время (а также невозможные часы прихода) и отдайте эту записку Вашему ребенку завтра с собой в школу.
По возможности я постараюсь учесть Ваши пожелания.

Для .... Ваш приход очень важен.
  (Name des Kindes)

С уважением

....

- -

Пожалуйста, заполнить:

Разговор о переводе: .... Фамилия, имя: ....

❏ Я могу до **и** после обеда

❏ Я могу **только** до обеда до .... часов

❏ Я могу **только** после обеда с .... часов

Самое подходящее время: ....

Не заполнять:

Ваше время разговора о переводе .... в .... часов.
   (Datum)   *(Uhrzeit)*

Пожалуйста, приведите при необходимости переводчика!

  Wenn Eltern und Kinder kein Deutsch verstehen …

Terminvergabe für den Elternsprechtag

класс: _______________________   дата: _______________________

Уважаемая семья _______________________,

ваше время для собеседования _______________ в _______________ часов.
                              (Datum)   *(Uhrzeit)*

Пожалуйста, приведите при необходимости переводчика.

С уважением

____

Terminvergabe für das Übergangsgespräch

класс: _______________________   дата: _______________________

уважаемая семья _______________________,

Ваше время для разговора о переводе _______________ в _______________ часов.
                                    (Datum)   *(Uhrzeit)*

Пожалуйста, приведите при необходимости переводчика.

С уважением

____

Klassenkasse

класс: ________________________   дата: ________________________

Уважаемые родители,

наступила новая половина года и мы снова должны сдать деньги за копии

________________ € и взнос в кассу класса ________________ €. В данный момент

имеется ________________ € в кассе класса. При необходимости Вы можете

получить у меня список расходов.

Пожалуйста, дайте вашему ребенку завтра ________________ €.

С уважением

____

Milchgeld

класс: ________________________   дата: ________________________

Уважаемые родители,

Пожалуйста сдайте деньги за какао за месяц ________________________.
(Monat)

Стоимость в данный момент: какао/ваниль: ________________ €   молоко: ________________ €

С уважением

____

Geld einsammeln – allgemein

класс: ________________________   дата: ________________________

Уважаемые родители,

Завтра я буду собирать деньги за ________________________.

Пожалуйста, дайте вашему ребенку ________________ € с собой.

С уважением

____

Klassenfahrt – Infobrief

класс: ....   дата: ....

Уважаемая семья .... ,

пожалуйста, познакомтесь еще раз с наиболее важной информацией о путешествии нашего класса:

дата выезда: ....   ответственный: ....
(Termin)   *(Betreuer)*

Место проживания и питание: ....
(Ort)

Продовольственное снабжение и квартира: .... €
(Kosten für Verpflegung/Unterkunft)

Цена поездки: .... €
(Fahrtkosten)

Для тех, кто получает социальную помощь *(ALG II)*, возможно возвращение денег за поездку. Заявление можно получить в секретариате или у меня. В некоторых случаях существует возможность доплаты родительским комитетом определенной суммы за вашего ребенка.

Спальные комнаты девочек находятся отдельно от комнат мальчиков.
Мы будем наблюдать за вашими детьми и организуем множество различных мероприятий так, чтобы дети нисколько не скучали по дому.

Завтракать, обедать и ужинать мы будем вместе. Меню можно заказать заранее. Будут различаться мясные блюда, блюда без свинины (для детей ислама) и вегетарианские блюда (без мяса). При необходимости сообщите мне об аллергиях на пищевые продукты.
Каждый ученик (ученица) по закону *Allgemeiner Schulordnung (AschO)* обязан принимать участие в классной поездке. В исключительных случаях возможно освобождение.

Перед принятием решения подумайте всё же, как важна поездка с классом для укрепления чувства дружбы коллектива, для развития чувства самостоятельности и ответственности Вашего ребенка. Возможно, ребенок первый раз путешествует без вас. Поверьте, что ваш сын или дочь приобретут положительный и важный опыт и мы сделаем все для того, чтобы ему или ей в этом помочь. Мы очень серьезно и с большой ответственностью выполняем нашу работу. И днем и ночью Ваш ребёнок под присмотром. Мы готовы уделить время Вашему ребенку.

Пожалуйста, заполните прилежащую доверительную записку, чтобы я знала, что Вы не возражаете против поездки или укажите причины по которым Ваш сын или дочь не могут поехать с нами. От количества родителей согласных с поездкой зависит её проведение.

Если Ваш ребёнок не принимает участия в классной поездке, то он должен будет посещать уроки в другом классе на время отсутствия его класса. Я охотно отвечу на все Ваши вопросы относительно поездки!

С уважением

....

Klassenfahrt – Vertrauliche Erklärung
Конфиденциальный документ

Семья: ....

❏ Я согласен(на) с тем, что мой сын/дочь примет участие

с .... по .... в – дневной поездке класса.
  (Datum von ...)   *(Datum bis ...)*

❏ Я не согласен(на) с тем, что мой сын/дочь примет участие в поездке

класса с .... по ....
        (Datum von ...)   *(Datum bis ...)*

Объяснение:

....

....

....

....

....

....

❏ У меня есть необходимость разговора с Вами и только после этого я
смогу принять какое-то решение. Пожалуйста, сообщите мне время,
когда я смогу прийти и поговорить с Вами.

Питание моего ребёнка во время путешествия (отметить нужное):

❏ Нормальное меню с мясом
❏ Меню без свинины (ислам)
❏ Вегетарианское меню (без мяса)

....
(Подпись родителей)

  Wenn Eltern und Kinder kein Deutsch verstehen …

Fehlen

класс: _________________________   дата: _________________________

Уважаемая семья ____ ,

пожалуйста, предоставьте объяснительную записку с извинением по поводу пропуска

____ числа. Укажите причину,
(Datum)

по которой Ваш ребёнок отсутствовал на уроках.

С уважением

____

Fehlende Hausaufgaben

класс: _________________________   дата: _________________________

Уважаемая семья ____ ,

у ____ сегодня уже в который раз было не
(Name des Kindes)

выполнено домашнее задание. Домашнее задание очень важно для лучшего запоминания и

усвоения пройденного материала. Пожалуйста проследите, чтобы это не повторялось.

Домашнее задание всегда записано в дневнике.

Если возникают вопросы или что-то не понятно, сообщите мне!

Спасибо за Вашу поддержку и понимание.
С уважением

____

 Wenn Eltern und Kinder kein Deutsch verstehen …   © Verlag an der Ruhr ✕ 45422 Mülheim an der Ruhr ✕ www.verlagruhr.de ✕ **ISBN 978-3-8346-0271-8**

Fehlende Materialien

класс: ______________________ дата: ______________________

Уважаемая семья ______________________,

у ______________________ не достаёт следующих материалов:
(Name des Kindes)

____

____

____

____

Пожалуйста, приобретите их в самое ближайшее время, т. к.
их отсутствие затрудняет учебный процесс.

Спасибо за Вашу поддержку и понимание.
С уважением

____

Konflikte

класс: ______________________ дата: ______________________

Уважаемая семья ______________________,

к сожалению, ______________________ реагирует в спорах
(Name des Kindes)

очень агрессивно. Я бы хотел(а) пригласить Вас на разговор для обсуждения этой
проблемы, где мы вместе подумаем, как лучше изменить ситуацию.

Выберите, пожалуйста удобное Вам время. Отметьте ниже.

❏ ______________________   ❏ ______________________

❏ ______________________   ❏ ______________________

которое наиболее вам подходит.
Пожалуйста, приведите при необходимости переводчика!

С уважением

____

Störungen im Unterricht

класс: ___________________ дата: ___________________

Уважаемая семья ___________________,

последнее время ___________________ мешает на уроках.
(Name des Kindes)

Я бы хотел(а) пригласить Вас на разговор для обсуждения этой проблемы,
где мы вместе подумаем, как лучше изменить ситуацию.

Выберите, пожалуйста удобное Вам время. Отметьте ниже.

❏ ___________________ ❏ ___________________

❏ ___________________ ❏ ___________________

которое наиболее Вам подходит.
При необходимости приведите переводчика.

С уважением

____

Verspätungen

класс: ___________________ дата: ___________________

Уважаемая семья ___________________,

___________________ уже в который раз опоздал на уроки.
(Name des Kindes)

Очень важно, чтобы ___________________ приходил вовремя!
(Name des Kindes)

Пожалуйста проследите, чтобы ___________________ вовремя
(Name des Kindes)
выходил из дома.

Спасибо за Вашу поддержку и понимание.
С уважением

____

 Wenn Eltern und Kinder kein Deutsch verstehen …   © Verlag an der Ruhr ✕ 45422 Mülheim an der Ruhr ✕ www.verlagruhr.de ✕ **ISBN 978-3-8346-0271-8**

Verkürzter Stundenplan

Внимание! Изменение расписания!

класс: .... дата: ....

Уважаемые родители,

.... у всех детей пройдут уроки только с .... до ....
(Datum) *(Uhrzeit von …)* *(Uhrzeit bis …)*

С уважением

....

Späterer Schulbeginn

Внимание! Изменение расписания!

класс: .... дата: ....

Уважаемые родители,

.... не будет .... урока.
(Datum) *(Unterrichtsfach)*

Начало занятий для Вашего ребенка только в .... часов.
(Uhrzeit)

С уважением

....

Früher Schluss

Внимание! Изменение расписания!

класс: .... дата: ....

Уважаемые родители,

.... не будет .... урока.
(Datum) *(Unterrichtsfach)*

Учебный день Вашего ребенка закончится уже в .... часов.
(Uhrzeit)

С уважением

....

Infoblätter

Следующие после начальной школы (классы: с 5 по 10)

После начальной школы Ваш ребёнок переходит в следующую школу. Наибольшее количество федеральных земель Германии предлагает 4 формы дальнейшего обучения. И только в некоторых землях форма *Hauptschule* и *Realschule* соединена в одну форму (в Тюрингии и в Саксонии). *Gesamtschule* имеется не везде. В *Hauptschule* и *Realschule* и в *Gymnasium* 5 и 6 классы образуют *Erprobungsstufe*. В этой ступени Ваш ребёнок автоматически переводится из 5 в 6 класс. Учителя развивают ученика дальше, наблюдают за его успехами и проверяют его знания, способности и умения. В конце 6 класса вместе с вами будет решаться вопрос о переводе ученика в другую школу или о продолжении обучения в начатой системе. Уроки в 5 и 6 классах охватывают 28 учебных часов в неделю. Начиная с 7 класса – приблизительно 30 часов.

---

1) Hauptschule

В такой школе у Вашего ребёнка может быть следующая перспектива окончания:

- *Abschluss Hauptschule Klasse 9*
- *Hauptschulabschluss nach Klasse 10,* за ним следует обучение какой- либо профессии
- d *Fachoberschulreife* и учёба в *Berufskolleg* или даже переход в *Gymnasium* или *die Sekundarstufe II Gesamtschule (не в каждой республике)*

С 5-ого класса обязательно изучение английского. Следующие обязательные предметы:

- немецкий
- история, политика, география
- математика
- естественные науки *(биология, химия, физика)*
- английский
- техника, хозяйство, домашнее хозяйство
- музыка, рисование, работа с текстилем
- религия
- спорт

Кроме этого идёт подготовка для будущей профессии через:

- посещение фабрик
- практику
- В классах с 7 по 9 даётся *informations- und kommunikationstechnologische Grundbildung* (обращение с компьютором, интернетом).

---

2) Realschule

В такой школе Ваш ребёнок получает такую же возможность, как и после *Abschluss Hauptschule Klasse 9,* **или он отдельно готовит** *Sekundarabschluss I.* **Это даст ему возможность (в зависимости от успеваемости):**

- вступление в профессию после 10-ого класса
- переход в *Berufskolleg*
- переход в *Sekundarstufe II Gymnasium* или *Sekundarstufe II Gesamtschule*

Обязательные предметы:

- немецкий
- история, политика, география
- математика
- естественные науки *(биология, химия, физика)*
- английский *(первый иностранный язык)*
- музыка, рисование, работа с текстилем
- религия
- спорт

С 5-ого класса обязательно изучение английского. В 7 классе ваш ребёнок начинает изучение 2-ого иностранного языка. В 8 классе происходит выбор ещё одного главного предмета или возможно углубление уже изучаемого предмета. Например:

- 2-й иностранный язык, ознакомление с которым происходило в 7 классе
- биология, химия, физика
- техника
- информатика
- социальные науки
- музыка, рисование

С 9 класса ученик может выбрать второе основное направление (*Wahlpflichtbereich II*). Кроме того даётся *informations- und kommunikationstechnologische Grundbildung (обращение с компьютором, интернетом).* Это играет роль в подготовке к будущей профессии.

3) Gymnasium

В *Gymnasium* существует также, подобно другим школам, несколько возможностей её окончания:

⮩ Одинаковые по значению *Hauptschulabschlüssen* окончания других школ
  • после 9-ого класса • после 10-ого класса

⮩ *Sekundarabschluss I – Fachoberschulreife*

В *Sekundarstufe II* (а класса 11) добавляются другие возможности окончания школы. (*Fachhochschulreife, Abitur, Baccalauréat*). При *Fachhochschulreife* разрешается обучение в *Fachhochschule*, или *Abitur* после неё и обучение в одном из университетов Германии, *Baccalauréat* различных видов и дальнейшее обучение в университетах за границей.

Обязательные предметы:

⮩ немецкий
⮩ история, политика, география
⮩ математика
⮩ естественные науки (биология, химия, физика)

⮩ 1-й иностранный (*с 5 класса*)
⮩ 2-й иностранный (*с 7 класса*)
⮩ музыка, рисование, работа с текстилем
⮩ религия
⮩ спорт

Обязательные предметы будут заранее названы.
В 7 классе ваш ребёнок начинает изучение 2-ого иностранного языка. (*например: латинский, итальянский, французский*).
Английский изучается в любом случае (*как 1-й или как 2-й иностранный*).
В 9 классе может быть выбран 3-й иностранный или другое основное направление:

⮩ математическо-техническое направление, с упором на естественные науки
⮩ общественно-политико-экономическое направление
⮩ искусство
⮩ комбинации различных направлений

4) Gesamtschule

Gesamtschule соединяет возможности образования всех 3-х школ *Gymnasium, Realschule* и *Hauptschule*. Все дети, успешно закончившие начальную школу далее могут обучаться в общей школе *Gesamtschule*. В ней нет фазы Erprobungsstufe, т.к. Ваш ребёнок может получить любую форму окончания. Какая из этих форм наиболее отвечает успеваемости и способностям ученика решает учитель вместе с родителями. В период обучения с 5-ого по 9-й класс после летних каникул все ученики автоматически переводятся в следующий класс. В этой школе не остаются на второй год, вместо этого проводится одинаковая работа со всеми учениками вместе в течении года. До начала 9-ого класса ученик может перейти в любую другую школу.

Обязательные предметы:

⮩ немецкий
⮩ история, политика, география
⮩ математика
⮩ естественные науки (*биология, химия, физика*)
⮩ английский (*с 5 класса*)
⮩ техника, хозяйство, домашнее хозяйство
⮩ музыка, рисование, работа с текстилем
⮩ религия
⮩ спорт
В 7, 9 или 11 классах может быть выбран 2 иностранный язык. В 9 классе ещё и 3 язык. Для *Abitur*

необходим 2-ой иностранный язык. В классах с 7 по 9 даётся *informations- und kommunikationstechnologische Grundbildung* (*обращение с компьютером, интернетом*). Чтобы учесть интересы и способности различных учащихся, будут предложены различные курсы и факультативы для групповой работы. Начиная с 7 класса ученик выбирает основное направление, которое ему больше всего близко. Могут быть предложены следующие направления:

⮩ второй иностранный язык (*французский, латинский, испанский*)
⮩ изучение специальности (*техника, хозяйство, домашнее хозяйство*)
⮩ естественные науки
⮩ в некоторых школах: изображение и оформление.

С 9 класса ученик может выбрать второе основное направление. Кроме уже перечисленных , можно выбрать:

⮩ машинопись
⮩ стенография
⮩ ручная работа
⮩ курсы с музыкальным содержанием, рисование, работа с текстилем или спорт

Gesamtschulen – это школы продлённого дня. Это значит, что уроки могут продолжаться до 16.00 часов.

 Wenn Eltern und Kinder kein Deutsch verstehen …

Zeugnisausgabe 1. Klasse – Infobrief

класс: .... дата: ....

Уважаемая семья .... ,

на следующей неделе заканчивается учебный год и Ваш ребёнок получит свой
первый табель успеваемости. Я бы хотел(а) передать его Вам и Вашему ребёнку
персонально, чтобы обсудить его и ответить на возможные вопросы.
Для выдачи табеля я предусмотрел(а) следующее время:

❑ ....

❑ ....

❑ ....

❑ ....

Пожалуйста заполните нижнюю часть письма, указав удобное Вам время.
Я постараюсь учесть Ваши пожелания и сообщу в течении следующих дней
Ваши часы прихода.

С уважением

....

Заполнить и дать ребёнку с собой в школу

Выдача табеля успеваемости: ....

Для меня удобнее всего ....

По времени мне удобно в .... часов.   Я могу только в .... часов.

....

(Подпись родителей)

Zeugnisausgabe 1. Klasse – Terminvergabe

класс: ....   дата: ....

Уважаемая семья .... ,

насколько это было возможно, я постарался(лась) учесть Ваши пожелания в от –
ношении времени выдачи табеля успеваемости. Но в первую очередь учитывались
пожелания тех родителей, которые могут прийти только в определённое время.

Если вы всё же не можете прийти в назначенное мной время, пожалуйста, сообщите мне

до .... числа.
     (Datum)

Есть возможность передачи копии табеля через Вашего ребёнка.
Вы должны в таком случае ознакомиться и расписаться и передать мне назад.

После получения мной копии с подписью, Вы получите .... числа оригинал табеля.
         (Datum)

С уважением

....

Ваше время получения табеля .... числа, в .... часов.
        (Datum)   *(Uhrzeit)*

Zeugnisausgabe

класс: ....   дата: ....

Уважаемая семья .... ,

Пожалуйста ознакомтесь и распишитесь в копии табеля успеваемости и

дайте его Вашему ребёнку завтра с собой в школу. В обмен Вы получите

оригинал табеля ....
       (Name des Kindes)

С уважением

....

Elternbriefe
Polnisch

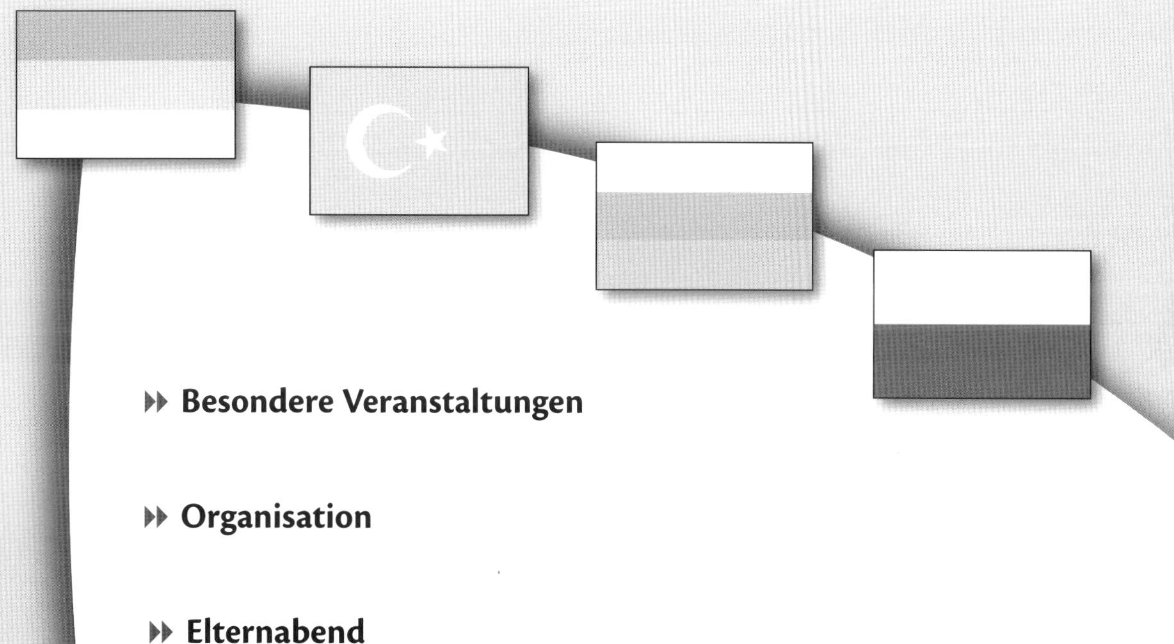

▸▸ **Besondere Veranstaltungen**

▸▸ **Organisation**

▸▸ **Elternabend**

▸▸ **Elternsprechtag**

▸▸ **Geld einsammeln**

▸▸ **Klassenfahrt**

▸▸ **Störungen**

▸▸ **Stundenplanänderungen**

▸▸ **Weiterführende Schulen**

▸▸ **Zeugnisse**

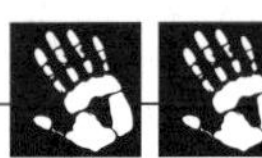

Abschlussgottesdienst

klasa: ....   data: ....

Drodzy Rodzice,

jutro po ostatniej lekcji o godzinie ....
(Uhrzeit)

odbędzie się msza święta w ....
(Ort)

Po mszy dzieci idą do domu lub do szkoły. Jeśli z powodów religijnych lub innych nie zgadzacie się Państwo na to, proszę na dole zaznaczyć.

❏ Moje dziecko z powodów religijnych nie będzie uczestniczyć we mszy. W tym czasie wróci do domu.

....
(podpis)

Ausflug

klasa: ....   data: ....

Drodzy Rodzice ....,

dnia .... organizujemy
(Datum)

wycieczkę do ....
(Ort)

Autobus odjeżdża o godzinie .... tak
(Uhrzeit)

więc .... musi być
(Name des Kindes)

o godz. .... w szkole.
(Uhrzeit)

Powrót jest zaplanowany na godzinę ....
(Uhrzeit)

Zakończenie szkoły jest o godzinie

....
(Uhrzeit)

Dzieci potrzebują w tym dniu:

....

....

....

....

Pozdrawiam serdecznie

....

Gemeinsames Frühstück

klasa: .... data: ....

Drodzy Rodzice,

chcielibyśmy zorganizować w .... wspólne śniadanie,
(Ort)
dlatego też każde dziecko powinno przynieść:

....

....

....

Pozdrawiam serdecznie

....

Gesundes Frühstück

klasa: .... data: ....

Drodzy Rodzice,

w dniu .... chcielibyśmy przygotować wspólnie, zdrowe śniadanie. Jeśli ktoś miałby czas i ochotę
(Datum)
wziąć w tym udział, proszę na dole wypełnić i tę kartkę jutro mi zwrócić.

Kto może coś przynieść, proszę zaznaczyć.

❏ .... ❏ ....

❏ .... ❏ ....

❏ .... ❏ ....

❏ .... ❏ ....

Pozdrawiam serdecznie

....
(podpis)

   Wenn Eltern und Kinder kein Deutsch verstehen …

Laternenbasteln

klasa: ....   data: ....

Drodzy Rodzice,

dnia .... robimy lampiony świąteczne w ....
     (Datum)   *(Ort)*

Kto miałby czas i chęć nam w tym pomóc?

Proszę na dole wypełnić i tą kartkę jutro mi zwrócić.

Nazwisko:

....

....

Pozdrawiam serdecznie

....

Laternenumzug

klasa: ....   data: ....

Drodzy Rodzice,

dnia .... odbędzie się pochód z lampionami. Spotykamy się o godzinie ....
     (Datum)   *(Uhrzeit)*

w ....
                         (Ort)

Prosimy o zabranie lampionów ze sobą. Pochód potrwa do godziny ....
                                                        (Uhrzeit)

Pozdrawiam serdecznie

....

Plätzchen backen

klasa: ....   data: ....

Drodzy Rodzice,

w dniu .... będę piekła z dziećmi ciasteczka. Będzie nam miło, gdy ktoś się do nas przyłączy.
     (Datum)

Kto ma chęć i czas żeby pomóc? Proszę na dole wypełnić i tą kartkę jutro mi zwrócić.

Pozdrawiam serdecznie

....

- -

❑ Pomogę przy pieczeniu ....
                                      (nazwisko)

❑ Chętnie przygotuję masę do ciastek ....
                                               (nazwisko)

Feste allgemein

klasa: ....   data: ....

Drodzy Rodzice,

dnia .... odbędzie się od godziny .... nasze/nasz
    (Datum)   *(Uhrzeit)*

....
       (Veranstaltung)

Ucieszy mnie Państwa w tym uczestnictwo.

Pozdrawiam serdecznie

....

➲ Dziecko powinno być o .... godzinie w szkole.
                       (Uhrzeit)

   Wenn Eltern und Kinder kein Deutsch verstehen …

Betreuung

klasa: .... data: ....

Drodzy Rodzice,

nie w każdym dniu dzieci mają taką samą ilość lekcji. Czasem może się też zdarzyć,
że jakaś lekcja się nie odbędzie. Stanowi to problem gdy rodzice w tym czasie pracują
a dziecko musi wrócić do domu lub gdy na przykład lekcje zaczynają się później.

W naszej szkole zaproponowaliśmy opiekę nad dziećmi, która odbywa się codziennie od godziny

.... do godziny ....
  (Uhrzeit von ...)   *(Uhrzeit bis ...)*

Państwa dziecko otrzyma potrzebną mu opiekę w wyznaczonych do tego pomieszczeniach klasowych.
Przed lekcjami lub po lekcjach mogłoby tam wraz z innymi dziećmi spędzić czas przy nauce
lub zabawie. Już teraz możecie się Państwo zameldować.

Koszt: .... €

Opiekę obejmie: ....

Prosimy o podanie nam informacji, czy skorzystacie Państwo z naszej propozycji.

- -

Rok szkolny: .... Nazwisko dziecka: ....

Chciałbym /chciałabym moje dziecko do opisanej opieki zameldować.

....

(podpis)

Förderschule

klasa: ....   data: ....

Drodzy Rodzice .... ,

jak już to omawialiśmy, ze względu na osiągnięcia Państwa dziecka jesteśmy zdania że powinno ono być w nauce wspierane aby dalej rozwijać swój talent. Wraz z nauczycielem ze szkoły dla dzieci uzdolnionych/*Förderschule*/ chcemy przeanalizować jaka droga dalszej edukacji byłaby dla dziecka najlepsza. Dlatego pragnę wprowadzić procedurę *AO-SF* (*Verfahren zur Feststellung des sonderpädagogischen Förderbedarfs*) i przeprowadzić niezbędną rozmowę z Państwem.

Do tego czasu przedstawię już teraz parę informacji.

Nauczyciel/*Förderschule* przeprowadzi test i w rozmowie z Państwem podzieli się swoimi spostrzeżeniami. Dziecko będzie również przebadane przez lekarza, po czym to wystawiona będzie ocena. Ma to na celu zakwalifikowanie dziecka do odpowiedniej, dalszej metody nauki. nauki. Może być ono przeniesione do innej szkoły lub nauczyciel będzie prowadził w naszej szkole osobną lekcje, która będzie pomagać rozwijać jego umiejętności.

Wymagania i trudności pojawiające się przy *sonderpädagogischer Förderung*:

➲ Nauka

➲ Wymowa

➲ Emocjonalny i socjalny rozwój

➲ Słuchanie i komunikowanie

➲ Spostrzeganie

➲ Rozwój umysłowy

Decyzję o tym jaki rodzaj wsparcia otrzyma dziecko podejmuje *Schulaufsichtsbehörde*. Mają Państwo oczywiście prawo się temu sprzeciwić. Pozostawiam jednak pod rozwagę jak ważna jest edukacja dziecka i jak wiele korzyści może ono czerpać z tej możliwości wspierania jego umiejętności i talentu przy *sonderpädagogische Förderung*.

**Proszę zaznaczyć na dole najodpowiedniejszy termin spotkania.
W razie trudności, proszę przyjść z osobą, która posłuży za tłumacza.**

Pozdrawiam serdecznie

....

Propozycje terminu:

❏ ....   ❏ ....

❏ ....   ❏ ....

❏ ....   ❏ ....

© Verlag an der Ruhr ✕ 45422 Mülheim an der Ruhr ✕ www.verlagruhr.de ✕ **ISBN** 978-3-8346-0271-8   **Wenn Eltern und Kinder kein Deutsch verstehen …**

Erster Elternabend in der 1. Klasse,

Termin vor der Einschulung

klasa: .... data: ....

Drodzy Rodzice .... ,

wkrótce przyjdzie .... do naszej szkoły.
(Name des Kindes)

Cieszymy się i dlatego miło nam będzie powitać naszych „Pierwszaków". Zapewne w związku z tym wydarzeniem macie Państwo wiele pytań.

To wszystko chcemy wyjaśnić na naszym zaplanowanym już wieczorze z rodzicami, jeszcze przed rozpoczęciem się szkoły.

Serdecznie Państwa zapraszam

w dniu .... o godzinie ....
(Datum) *(Uhrzeit)*

do naszej przyszłej sali klasowej.

Serdecznie pozdrawiam

....

Proszę o informację jeśli nie mogą Państwo być obecni.
W razie trudności, proszę przyjść z osobą, która posłuży za tłumacza.

Porządek dnia

Przewidywane zakończenie: ....

 Wenn Eltern und Kinder kein Deutsch verstehen …

Erster Elternabend in der 1. Klasse,

Termin nach der Einschulung

klasa: .... data: ....

Drodzy Rodzice .... ,

.... jest już w naszej szkole. Domyślamy się,
(Name des Kindes)

że macie Państwo wiele pytań, na które chętnie odpowiemy na naszym wspólnym wieczorze z rodzicami.

Pragniemy porozmawiać o tym czego Państwo i .... możecie się w pierwszym
(Name des Kindes)

roku nauki spodziewać.

Serdecznie zatem zapraszam w dniu ....
(Datum)

o godzinie .... do naszej sali klasowej ....
(Uhrzeit) *(Klassenraum)*

Serdecznie pozdrawiam

....

Proszę o informacją, jeśli nie mogą Państwo być obecni.
W razie trudności, proszę przyjść z osobą, która posłuży za tłumacza.

Porządek dnia ....

Przewidywane zakończenie: ....

Elternabend zum neuen Schul(halb)jahr

klasa: ....   data: ....

Drodzy Rodzice ....,

w nowym półroczu pojawią się małe zmiany. Chciałabym te zmiany przedstawić,

dlatego też zapraszam serdecznie na spotkanie z rodzicami w dniu ....
(Datum)

o godzinie .... w naszej klasie.
(Uhrzeit)

Pozdrawiam serdecznie

....

Proszę o informację w razie nieobecności.
W razie trudności, proszę przyjść z osobą, która posłuży za tłumacza.

Porządek dnia

Przewidywane zakończenie: ....

 Wenn Eltern und Kinder kein Deutsch verstehen …   © Verlag an der Ruhr ✕ 45422 Mülheim an der Ruhr ✕ www.verlagruhr.de ✕ ISBN 978-3-8346-0271-8

Elternabend Schulneulinge

klasa: ....   data: ....

Drodzy Rodzice .... ,

nowy rok szkolny stoi teraz przed ....
(Name des Kindes)

Na pewno macie Państwo wiele pytań przed tym ważnym krokiem w życiu dziecka.

W związku z tym w dniu .... organizujemy o .... godzinie
     (Datum)   *(Uhrzeit)*

wieczór informacyjny z rodzicami, na którym poznacie Państwo jak funkcjonuje nasz szkolny system.

Uczestnictwo jest bardzo ważne dla ....
          (Name des Kindes)

i jej/jego startu w nauce.

Serdecznie zapraszam i pozdrawiam

....

W razie trudności, proszę przyjść z osobą, która posłuży za tłumacza.

Porządek dnia

Przewidywane zakończenie: ....

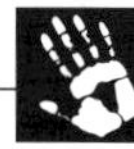

Einschulungsverfahren / Schnuppern

klasa: .... data: ....

Drodzy Rodzice .... ,

zanim Państwa dziecko rozpocznie naukę, chcielibyśmy aby już teraz zaznało szkolnej

atmosfery. W związku z tym organizujemy w dniu .... od
(Datum)

godziny .... przedpołudnie w naszej szkole.
(Uhrzeit)

.... będzie miał możliwość uczyć się i
(Name des Kindes)

bawić z przyszłym wychowawcą klasy oraz z dziećmi, które również rozpoczną szkołę.

Taka wspólna aktywność pomoże dzieciom nabrać zaufania i oswoić się z nowym środowiskiem.
My mamy też tę sposobność dziecko trochę poznać. Mamy nadzieję na udział Państwa
dziecka w naszym przedsięwzięciu.

Pozdrawiam serdecznie

....

Prosimy o informację w razie nieobecności.

Eltern und Schule – Die wichtigsten Gremien

Rodzice i szkoła-najważniejsze gremium

Szkoła to współpraca między gronem pedagogicznym, rodzicami i uczniami. Cieszymy się gdy Państwo z nami współdziałacie i cenicie naszą pracę. Mamy okazję to obserwować przy różnych szkolnych przedsięwzięciach. Bardzo ważna jest przy tym praca gremialna. Jak to funkcjonuje? Wybrani reprezentanci mogą przedstawić propozycję, rady jak też krytykę pochodzącą od rodziców, która dotyczy pracy grona pedagogicznego itp. Dzięki temu możemy wspólnie szukać jak najlepsze rozwiązania. Pewne problemy mogą być przez głosowanie rozwiązane, gdzie większość będzie punktem decydującym.

Klassenpflegschaft (KP)

Die Klassenpflegschaft składa się z rodziców jednej klasy, któży się spotkają w tak zwanej *Klassenpflegschaftssitzung*. Wychowawca klasy z reguły bierze też w tym udział. Tutaj będą ważne sprawy omówione jak również poddane pod głosowanie. Rodzice mają jeden głos na dziecko. Nauczyciel ma głos doradczy. Dzięki takiej pracy mają rodzice prawo o wielu sprawach decydować.

W *KP-Sitzung* będzie wybrany przewodniczący i jego zastępca . Mają oni zadanie bronić interesów jednej klasy, a także brać udział w klasowych konferencjach.

Do każdego *KP-Sitzung* istnieje pisemne zaproszenie. Ważne tematy mogą być ujęte w programie spotkania. Od klasy 7 w zebraniach może brać udział przewodniczący klasy.

Klassenkonferenz (KK)

W klasowej konferencji biorą udział nauczyciele, którzy w danej klasie uczą. Mogą wziąć udział także pracownicy socjalni. Bierze w tym udział także *Klassenpflegschaftsvorsitzende* i od 7 klasy; *Klassensprecher* oraz jego zastępca. Oni to mają głos doradczy. Przy ocenie poszczególnych uczniów bierze udział tylko grono pedagogiczne.

Tematy które w *KK* są analizowane to np. nauka, porządek edukacyjny, promowanie do następnej klasy, świadectwa, propozycje przeniesienia do innej szkoły itp. Ocena ucznia odbywa się bez *KP-Vorsitzenden* i *Klassensprecher*.

Schulpflegschaft (SP)

Die Schulpflegschaft składa się z *KP-Vorsitzenden* z różnych klas. Zastępcy mają tu głos doradczy. Dyrektor szkoły bierze także w tym udział. Tu będą omawiane najważniejsze sprawy szkolne. Następnie *KP-Vorsitzenden* przekazują informacje na *KP* rodzicom.

SP-Sitzung ma też pisemne zaproszenia. Na SP-Sitzung zostanie wybrany przewodniczący oraz 3 zastępców. Poza tym osoba reprezentująca rodziców bierze udział w szkolnej konferencji. Do tego też będzie z pośród rodziców wybrana. SP może formułować wnioski, które będą na *Schulkonferenz* poddane głosowaniu.

Schulkonferenz (SK)

Szkolna konferencja składa się z wybranych na *SP-Sitzung* przedstawicieli rodziców oraz z wybranych na *Lehrerkonferenz* nauczycieli.

Ilość reprezentantów jest zależna od wielkości szkoły.

Liczba uczniów	Przedstawiciele rodziców	Przedstawiciele nauczycieli
do 200	3	3
do 500	6	6
więcej niż 500	9	9

Tematem *SK* mogą być: program szkolny, ustalanie dni wolnych, rozdzielanie zadań domowych, zajmowanie się nowymi książkami itp.

SK jest też rozjemcą i mediatorem w szkolnych konfliktach.

© Verlag an der Ruhr ✕ 45422 Mülheim an der Ruhr ✕ www.verlagruhr.de ✕ **ISBN** 978-3-8346-0271-8   **Wenn Eltern und Kinder kein Deutsch verstehen …**

Einladung zum Elternsprechtag

klasa: ....   data: ....

Drodzy Rodzice ....,

dnia .... odbędzie się wywiadówka.
(Datum)

Proszę o podanie na dolnym odcinku w jakim czasie mogą Państwo być obecni lub kiedy
jest to wykluczone. Tę kartkę proszę <u>jutro</u> wręczyć dziecku a ja postaram się wybrać jak
najbardziej dogodny termin spotkania.

Dla rodziców przeznaczamy .... min.
(Minutenzahl)

Będę informować o osiągnięciach .... w
(Name des Kindes)

poszczególnych przedmiotach jak i o postawie uczniowskiej. Chętnie odpowiem również na Państwa pytania.

Dla .... jest ważna Państwa obecność.
(Name des Kindes)

Pozdrawiam serdecznie

- -

Proszę wypełnić:

Wywiadówka: ....   Nazwisko: ....

❑ Mogę przed **i** popołudniu

❑ Mogę **tylko** przedpołudniem do: ....

❑ Mogę **tylko** popołudniu od: ....

Najlepszy termin: ....

____

Nie wypełniać:

Państwa termin wywiadówki .... o .... godzinie.
(Datum)   *(Uhrzeit)*

W razie trudności, proszę przyjść z osobą, która posłuży za tłumacza.

Einladung zum Übergangsgespräch

klasa: .... data: ....

Drodzy Rodzice .... ,

szkoła Podstawowa ma się ku końcowi i wkrótce rozpocznie się przejście do nowej szkoły.

W dniu .... chciałabym z Państwem przeanalizować jaka droga dalszej
      (Datum)

edukacji najbardziej jest dla .... odpowiednia.
      (Name des Kindes)

Proszę na dole zaznaczyć dogodny termin spotkania i wręczyć jutro kartkę dziecku do szkoły.
Będę próbować to życzenie zrealizować.

Dla .... jest Państwa obecność naprawdę ważna.
      (Name des Kindes)

Pozdrawiam serdecznie

....

- -

Proszę wypełnić:

Spotkanie: .... Nazwisko: ....

❏ Mogę przed **i** popołudniu

❏ Mogę **tylko** przedpołudniem do: ....

❏ Mogę **tylko** popołudniu od: ....

Najlepszy termin: ....

Nie wypełniać:

Termin dla Państwa .... o .... godzinie.
      (Datum)   *(Uhrzeit)*

W razie trudności, proszę przyjść z osobą, która posłuży za tłumacza.

Terminvergabe für den Elternsprechtag

klasa: ___________________________   data: ___________________

Drodzy Rodzice ____ ,

państwa termin wywiadówki jest ________________ o ____________ godzinie.
(Datum) *(Uhrzeit)*

W razie trudności, proszę przyjść z osobą, która posłuży za tłumacza.

Pozdrawiam serdecznie

____

Terminvergabe für das Übergangsgespräch

klasa: ___________________________   data: ___________________

Drodzy Rodzice ____ ,

zebranie odbędzie się ________________ o ____________ godzinie.
(Datum) *(Uhrzeit)*

W razie trudności, proszę przyjść z osobą, która posłuży za tłumacza.

Pozdrawiam serdecznie

____

Klassenkasse

klasa: ....   data: ....

Drodzy Rodzice,

rozpoczęło się właśnie nowe półrocze a wraz z tym zbiórka pieniędzy na dokonanie kopii

w kwocie .... € oraz do klasowej skarbonki .... €.

W tej chwili mamy w kasie klasowej .... €.

Listę wydatków mamy naturalnie do wglądu.

Proszę o wręczenie jutro dziecku .... €.

Serdecznie pozdrawiam

....

Milchgeld

klasa: ....   data: ....

Drodzy Rodzice,

proszę wręczyć dziecku jutro pieniądze na mleko za miesiąc ....
(Monat)

Suma ta wynosi: kakao/wanilia: .... €   mleko: .... €

Serdecznie pozdrawiam

....

Geld einsammeln – allgemein

klasa: ....   data: ....

Drodzy Rodzice,

jutro zbieramy pieniądze na ....

Proszę wręczyć dziecku .... €.

Serdecznie pozdrawiam

....

Klassenfahrt – Infobrief

klasa: ....   data: ....

Drodzy Rodzice .... ,

przedstawiamy raz jeszcze ważne informacje dotyczące wycieczki klasowej:

Termin: ....   Opiekun: ....
                                                            (Betreuer)

Miejsce: ....
(Ort)

Pobyt i wyżywienie: .... €
(Kosten für Verpflegung/Unterkunft)

Koszty podróży: .... €
(Fahrtkosten)

Zwrot kosztów dla odbiorców ALG II jest możliwy po złożeniu podania. Formularze są
dostępne w sekretariacie i u mnie.
Dziewczynki i chłopcy będą ulokowani w oddzielnych pokojach i łóżkach.

My ze swej strony zapewniamy pełną opiekę Państwa dziecku i organizujemy wiele miłych atrakcji,
tak by nie pojawiła się nagła tęsknota za domem.
Posiłkiem/śniadanie, obiad, kolacja/zajmiemy się wspólnie. Rodzaj posiłku można wcześniej wybrać.

W zależności od wyboru oferujemy potrawy mięsne i bezmięsne respektując przy tym zwyczaje religijne.
W przypadku występowania u dziecka alergii pokarmowej, proszę o wcześniejszą informację.
Każdy uczeń jest zobowiązany zasadom szkolnym się podporządkować, dlatego też powinien w
naszych szkolnych wycieczkach uczestniczyć. W sytuacjach wyjątkowych zwolnienie ucznia jest
oczywiście możliwe.

Proszę jednak przemyśleć zanim Państwo się zdecydujecie, jak ważne są wyjazdy szkolne.
One mianowicie wzmacniają u dziecka poczucie współpracy z innymi oraz uczą samodzielności.
Dla niektórych będzie to pierwszy wyjazd bez rodziców, mimo to mogą Państwo ufać, że dziecko
otrzyma ważne dla niego doświadczenia a my zrobimy wszystko by mu w tym pomóc. Troskliwie
i starannie będziemy spełniać nałożony na nas obowiązek i o każdej porze stajemy do dyspozycji.

Prosimy o wypełnienie naszej poufnej deklaracji abyśmy wiedzieli czy Państwo zgadzacie się
na wyjazd, ewentualnie prosimy o wyjaśnienie dlaczego nie jest to możliwe. Zależna od zgody
rodziców będzie moja decyzja, czy wyjazd zorganizować czy też przygotowania przerwać.

Jeśli dziecko nie będzie brało udziału w wycieczce, musi w tym czasie uczestniczyć w lekcjach innej klasy.
W razie ewentualnych pytań, stoję do Państwa dyspozycji.

Pozdrawiam serdecznie

....

Klassenfahrt – Vertrauliche Erklärung
Zastrzezony dokument

Rodzice: ....

❏ Zgadzam się aby mój syn/moja córka w .... dniowym wyjeździe klasowym uczestniczyła.
(Anzahl der Tage)

   To jest od .... do ....
   (Datum von ...)   *(Datum bis ...)*

❏ Nie zgadzam się aby mój syn/moja córka w .... dniowym wyjeździe klasowym uczestniczyła.
(Anzahl der Tage)

   To jest od .... do ....
   (Datum von ...)   *(Datum bis ...)*

Uzasadnienie:

....

....

....

....

....

....

....

❏ Zanim podejmę moją decyzję, chcę prosić o wspólną rozmowę.

Moje dziecko powinno otrzymać następujące wyżywienie:

❏ mięsne
❏ muzułmańskie
❏ wegetariańskie

....

(podpis)

Fehlen

klasa: _______________________ data: _______________________

Drodzy Rodzice _______________________,

proszę o dostarczenie usprawiedliwienia za nieobecność _______________________
(Name des Kindes)

w tym czasie _______________ proszę również o podanie powodu.
(Datum)

Serdecznie pozdrawiam

____

Fehlende Hausaufgaben

klasa: _______________________ data: _______________________

Drodzy Rodzice _______________________,

_______________________ nie miał po raz kolejny zadania domowego.
(Name des Kindes)

Zadania domowe uważamy za ważny czynnik pomagający przyswojeniu bieżącego materiału.

Proszę zwracać na to uwagę by _______________________ odrabiał/a zadania.
(Name des Kindes)

To tego celu przystosowano zeszyt zadań domowych. W razie jakiś niejasności, stoję do dyspozycji.

Dziękuję za współpracę i pozdrawiam serdecznie

____

Fehlende Materialien

Drodzy Rodzice ________________________ ,

________________________ brakują następujące materiały:
(Name des Kindes)

Proszę o uzupełnienie braków jak najszybciej, inaczej może to utrudniać naukę.

Dziękuję za współpracę i pozdrawiam serdecznie.

Konflikte

klasa: ________________________ data: ________________________

Drodzy Rodzice ________________________ ,

________________________ reaguje w kłótniach z innymi dziećmi
(Name des Kindes)

bardzo agresywnie. W związku z tym prosimy Państwa o przybycie na wspólną rozmowę,
która pomoże nam przeanalizować jak tę sytuację zmienić.

Proponuję następujący termin spotkania/proszę zaznaczyć najbardziej odpowiednie:

❑ ________________________   ❑ ________________________

❑ ________________________   ❑ ________________________

W razie trudności, proszę przyjść z osobą, która posłuży za tłumacza.

Pozdrawiam serdecznie

Störungen im Unterricht

klasa: ....   data: ....

Drodzy Rodzice .... ,

.... przeszkadza w ostatnim czasie często na lekcjach.
(Name des Kindes)

W związku z tym prosimy Państwa o przybycie na wspólną rozmowę, która pomoże nam przeanalizować jak tę sytuację zmienić.

Proponuję następujący termin spotkania/proszę zaznaczyć najbardziej odpowiadający:

❑ ....   ❑ ....

❑ ....   ❑ ....

W razie trudności, proszę przyjść z osobą, która posłuży za tłumacza.

Serdeczne pozdrowienia

....

Verspätungen

klasa: ....   data: ....

Drodzy Rodzice .... ,

.... spóźnił/a się kolejny raz na lekcję.
(Name des Kindes)

To jest bardzo ważne aby .... był/a punktualnie na lekcjach.
(Name des Kindes)

Bardzo prosimy aby zwracać na to uwagę i wysyłać ....
(Name des Kindes)
w odpowiednim czasie do szkoły.

Dziękujemy za współpracę i pozdrawiamy serdecznie.

....

Verkürzter Stundenplan

Uwaga! Zmiana planu!

klasa: ___________________________   data: ___________________________

Drodzy Rodzice,

dnia ___________________ , mają wszystkie dzieci lekcje tylko od _________ do _________ godziny.
(Datum) *(Uhrzeit von …)* *(Uhrzeit bis …)*

Serdecznie pozdrawiam

____

Späterer Schulbeginn

Uwaga! Zmiana planu!

klasa: ___________________________   data: ___________________________

Drodzy Rodzice,

dnia _______________ wypadnie _________________________ .
(Datum) *(Unterrichtsfach)*

Państwa dziecko zaczyna szkołę o godzinie _____________ .
(Uhrzeit)

Serdecznie pozdrawiam

____

Früher Schluss

Uwaga! Zmiana planu!

klasa: ___________________________   data: ___________________________

Drodzy Rodzice,

dnia _______________ wypadnie _________________________ .
(Datum) *(Unterrichtsfach)*

Państwa dziecko ma tylko do _____________ lekcje.
(Uhrzeit)

Pozdrawiam serdecznie

____

Infoblätter

Sekundarstufe I: Klasse 5 – 10

Po szkole podstawowej dzieci idą do nowej szkoły. Większość krajów związkowych posiada opisane 4 rodzaje szkół.
W niektórych krajach skupione są takie formy edukacji jak *Haupt-* i *Realschule* (np. *Thüringen* i *Sachsen*).
Gesamtschule nie istnieje w każdym kraju związkowym/Bundesland. W *Haupt-* i *Realschule* i w *Gymnasium* tworzą Klasy 5 und 6 *Erprobungsstufe*. W *Erprobungsstufe* dziecko zostanie automatycznie przeniesione z klasy 5 do 6. Nauczyciel obserwuje dzieci i mobilizuje oraz zachęca do nauki. W tym czasie śledzi również ich rozwój, wiedzę, zdolności i postępy.
Na koniec 6 klasy jest ustalane czy dziecko w tej szkole pozostanie, czy też powinno wybrać inną formę dalszej nauki.
Nauka w klasie 5 i 6 obejmuje 28 godzin w tygodniu, natomiast w klasy 7 jest to ca. 30.

1) Hauptschule

istnieją różne możliwości ukończenia szkoły:

- zakończenie *Hauptschule* w *Klasse* 9
- *Hauptschulabschluss* po *Klasse 10* po którym można osiągnąć wykształcenie
- *Fachoberschulreife* przy którym można uczęszczać do *Berufskolleg*, zmienić na *Gymnasium* lub na *Sekundarstufe II* w *Gesamtschule* (nie we wszystkich regionach Niemiec istnieje taka możliwość nauki).
  W klasie 5. jako język obcy występuje angielski

Dalsze obowiązkowe przedmioty to:

- niemiecki
- nauka o społeczeństwie (*historia/polityka, geografia*)
- matematyka
- nauki przyrodnicze (*biologia, chemia, fizyka*)
- angielski
- przedmioty zawodowe (*technika/ekonomia*)
- muzyka/plastyka/projektowanie
- religia
- wychowanie fizyczne

Potem następuje przygotowanie do życia zawodowego:

- nauka zawodu
- praktyka
- lekcje dotyczące: *informations- und kommunikationstechnologischen Grundbildung (praca z PC, Internet etc.)* w klasie 7 – 9.

2) Realschule

Tutaj może dziecko zdobyć Abschluss Hauptschule Klasse 9 lub może dalej zrobić Sekundarabschluss I.
To jest zależne od osiągnięć:

- wejście w życie zawodowe po klasie 10
- przejście do *Berufskolleg*
- zmiana na *Sekundarstufe II Gymnasium* lub na *Gesamtschule*

Przedmioty obowiązkowe:

- niemiecki
- nauka o społeczeństwie (*historia/polityka, geografia*)
- matematyka
- nauki przyrodnicze (*biologia, chemia, fizyka*)
- angielski (*1. język obcy*)
- muzyka/plastyka/projektowanie
- religia
- wychowanie fizyczne

W klasie 5 jako pierwszy język obcy wprowadzony będzie angielski. W klasie 7 wprowadzony zostanie drugi język obcy. W klasie 8 dzieci same decydują który przedmiot wybiorą i który chcą dalej zgłębić. Tu stoją następujące do dyspozycji:

- 2. język obcy wprowadzony w klasie 7
- fizyka, chemia, biologia
- technika
- informatyka
- socjologia
- muzyka i plastyka

W klasie 9 mogą do wybranych trudnych dziedzin w *Wahlpflichtbereich II* dalsze trudne przedmioty dołączyć.
Poza tym dojdzie też, jako przygotowanie do życia w zawodzie; *eine informations- und kommunikationstechnologische Grundbildung.*

3) Gymnasium

Tutaj dziecko ma również różne możliwości zakończenia szkoły:

➲ zakończenie *Hauptschule* to ukończenie
  • po klasie 9
  • po klasie 10
➲ *Sekundarabschluss I – Fachoberschulreife*

W *Sekundarstufe II* (od klasy 11) przychodzą dalsze możliwości ukończenia szkoły (*Fachhochschulreife, Abitur, Baccalauréat*). *Fachhochschulreife* pozwala studiować w *Fachhochschule* (Skoła Wyższa), natomiast *Abitur* (Matura) udostępnia studiowanie na uniwersytecie oraz Baccalauréat.

Przedmioty obowiązkowe:
➲ niemiecki
➲ wiedza o społeczeństwie (*historia/polityka, geografia*)
➲ matematyka

➲ nauki przyrodnicze (*biologia, chemia, fizyka*)
➲ 1. język obcy od klasy 5
➲ 2. język obcy od klasy 7
➲ muzyka/plastyka/projektowanie
➲ religia
➲ wychowanie fizyczne

Przedmioty obowiązkowe będą wybrane dla całej klasy. Od klasy 7 uczą się dzieci 2. języka obcego (*np. łaciny, włoskiego, francuskiego etc.*).

Angielski musi być wybrany jako pierwszy lub drugi język obcy. W klasie 9 może 3. język lub inny przedmiot zostać wybrany:
➲ o specjalności matematyczno-technicznej
➲ wiedza o społeczeństwie
➲ plastyka
➲ kombinacja różnych specjalności

4) Gesamtschule

Die *Gesamtschule* łączy naukę w *Gymnasium, Real- und Hauptschule*. Wszystkie dzieci, które 4 klasę szkoły podstawowej z sukcesem zakończyły, mogą pójść do *Gesamtschule*. Nie ma tu *Erprobungsstufe*, ponieważ może tutaj dziecko każde z opisanych zakończeń szkoły osiągnąć. Jakie ukończenie szkoły będzie dla dziecka najlepsze zdecydują nauczyciele i Państwo wraz z dzieckiem. W klasie 5–9 idą dzieci automatycznie po wakacjach do następnej klasy. Nie istnieje tu powtarzanie klasy. Do rozpoczęcia się klasy 9 może być inna forma edukacji wybrana i szkoła zmieniona na inną.

Przedmioty obowiązkowe:
➲ niemiecki
➲ wiedza o społeczeństwie (*historia/polityka, geografia*)
➲ matematyka
➲ nauki przyrodnicze (*biologia, chemia, fizyka*)
➲ angielski (*od klasy 5*)
➲ nauka zawodu (*technika/ekonomia/gospodarstwo*)
➲ muzyka/plastyka/projektowanie
➲ religia
➲ wychowanie fizyczne

2. język obcy może być w klasie 7, 9 lub 11 wybrany,
3. język w klasie 9. Do matury musi być 2. język obcy

wyuczony. W klasie 7–9 będzie *informations- und kommunikationstechnologische Grundbildung* (obchodzenie się z PC, Internet etc.) pośredniczyć. Z myślą o różnych potrzebach uczniów ,ich uzdolnieniach i sprawnościach są organizowane kursy wspierające uczniów w nauce. Od klasy 7 ma dziecko możliwość wybrania jedną ze specjalności, w której to szczególnie dobrze się czuje i która mu się najbardziej podoba. Tu proponowane są następujące dziedziny:
➲ 2. język obcy (*np. francuski, łacina, hiszpański*)
➲ przedmioty zawodowe (*technika/ekonomia/ gospodarstwo*)
➲ przyrodoznawstwo
➲ dla niektórych uczniów również: aktorstwo i praca twórcza.

Od klasy 9 może być druga specjalność wybrana , oprócz wyżej wymienionych stoją także do dyspozycji następujące:
➲ maszynopisanie
➲ stenografia
➲ rzemiosło
➲ kursy z muzyki/plastyki/projektowania lub sportu

Gesamtschulen są to szkoły całodzienne, to znaczy że lekcje mogą trwać aż do popołudnia ca. 16.00 godz.

Zeugnisausgabe 1. Klasse – Infobrief

klasa: ....   data: ....

Drodzy Rodzice .... ,

na następny tydzień pierwszy rok szkolny dobiegnie końca i Państwa dziecko otrzyma swoje pierwsze świadectwo, które to pragnę wręczyć osobiście. To daje nam również możliwość na wspólną rozmowę i z mojej strony udzielenie odpowiedzi na ewentualne Państwa pytania. Przewiduję następujące terminy rozdania świadectw:

❑ ....

❑ ....

❑ ....

❑ ....

Proszę o informację na dolnym odcinku, który termin byłby dla Państwa najdogodniejszy. Spróbuję jak to tylko będzie możliwe dostosować się do życzeń. W następnych dniach zawiadomię Państwa o naszym ustalonym terminie.

Pozdrawiam serdecznie

....

Proszę wypełnić i dać dziecku do szkoły

- -

Wydanie świadectw: ....

Najkorzystniej byłoby dla mnie ....

Najlepiej o godzinie ....   Mogę tylko o godzinie ....

....

(podpis)

Zeugnisausgabe 1. Klasse – Terminvergabe

klasa: .... data: ....

Drodzy Rodzice ....,

tak jak to tylko realne, starałam się wybrać jak najbardziej dogodny termin dla Państwa.
Pierwszeństwo mają rodzice którzy tylko w określonym czasie mogą przyjść.

Jeśli przybycie Państwa nie jest możliwe bardzo proszę mnie do .... zawiadomić.
(Datum)

Istnieje możliwość, że dziecko otrzyma kopię świadectwa, którą to muszą Państwo podpisać
a następnie należy to dać dziecku do szkoły.

Na tej podstawie wręczę w dniu .... oryginalne świadectwo.
(Datum)

Serdecznie pozdrawiam

....

Państwa termin otrzymania świadectwa to .... o godzinie ....
(Datum) *(Uhrzeit)*

Zeugnisausgabe

klasa: .... data: ....

Drodzy Rodzice ....,

proszę o podpisanie oddanej dziecku kopii świadectwa i wręczyć jej rano do szkoły.

.... otrzyma kopię, a następnej zostanie dziecku wręczony
(Name des Kindes)

oryginalne tego świadectwo.

Pozdrawiam serdecznie

....

Schülerbogen
Klassenfahrt

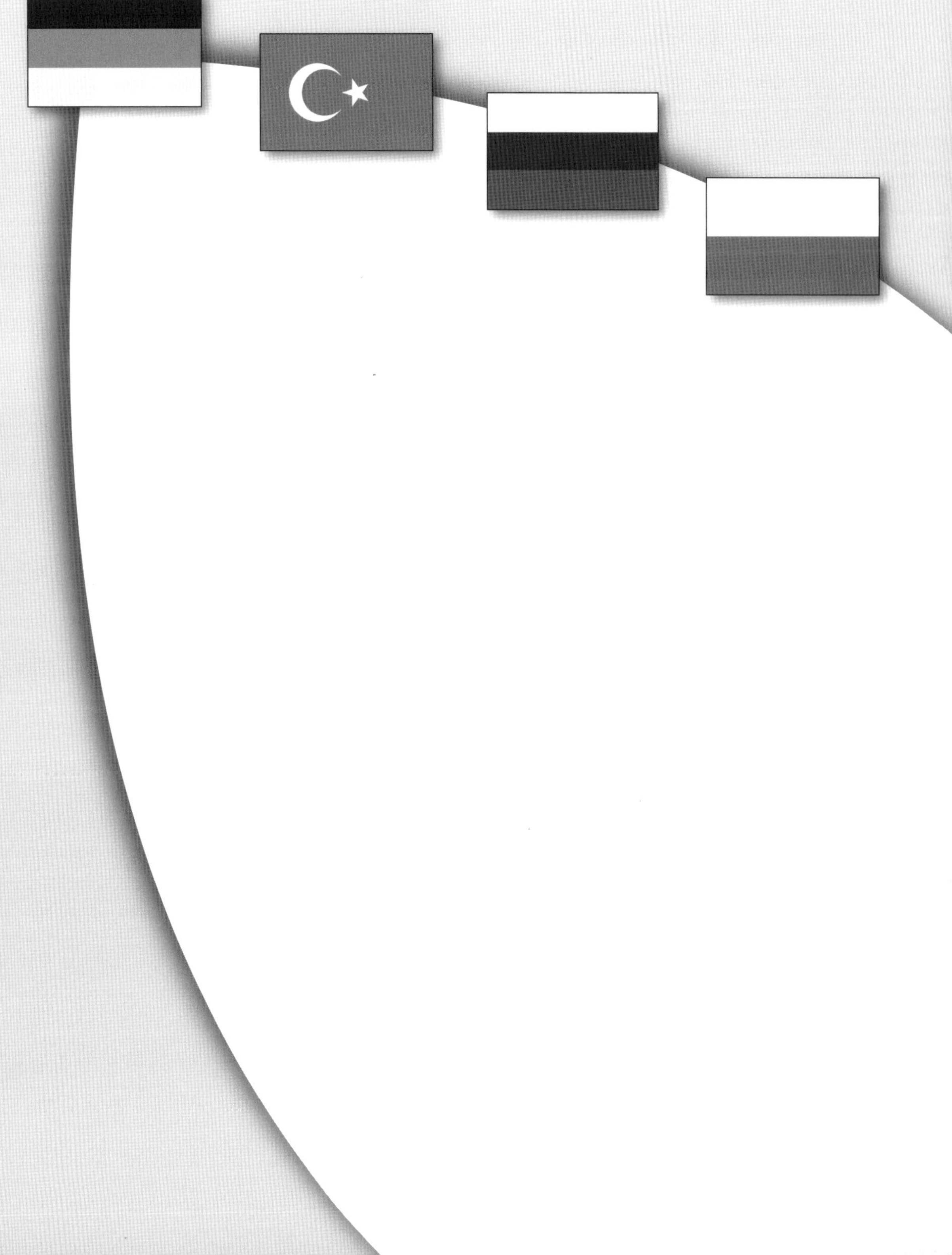

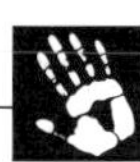

Liebe Eltern!

Wir hoffen natürlich, dass unsere Klassenfahrt ohne
Komplikationen abläuft.
Aber trotzdem kann es einmal vorkommen, dass ein
Kind auf der Klassenfahrt krank wird. Dann ist es hilfreich,
schnell die wichtigsten Angaben zur Hand zu haben.
Füllen Sie deswegen bitte **den nachfolgenden Bogen** aus.

➲ Vorname / Name des Kindes:

Geburtsdatum:

Vollständige Adresse, unter der Sie zu erreichen sind:

➲ Telefonnummern, unter denen Sie in dringenden Fällen
zu erreichen sind:

privat:

Handy:

beruflich:

➲ Unser Kind ist versichert/mitversichert bei folgender Kran-
kenversicherung (bitte Versicherungskarte beifügen):

Hauptversicherer:

geb. am:

beschäftigt bei:

Mein/unser Kind ist haftpflichtversichert.

❏ ja   ❏ nein

➲ Unser Kind hat folgende bekannte Allergien:

➲ Unser Kind muss folgende Medikamente einnehmen:

Zeitpunkte der Einnahme:

➲ Die Medikamente sind für/gegen:

➲ Unser Kind ist geimpft gegen (ankreuzen, nicht Zutreffen-
des streichen):

❏ Masern, Mumps, Röteln
❏ Windpocken
❏ Tetanus, Diphtherie, Keuchhusten (*Pertussis*), HIB,
  Kinderlähmung (*Poliomyelitis*)
❏ Bakterielle Meningitis (*Hirnhautentzündung*)

Die letzte Tetanus (Wundstarrkrampf-)Impfung war am:

➲ Mein/unser Kind hatte in den letzten vier Wochen
Kontakt zu einer Person mit folgender ansteckenden
Krankheit:

➲ Folgende (gesundheitliche) Dinge gibt es noch zu
berücksichtigen:

Ich bin/wir sind darüber informiert worden, dass mein/unser
Kind bei groben Verstößen gegen die vereinbarten Regeln
ggf. abgeholt werden muss bzw. auf meine/unsere Kosten
zurückgeschickt wird. Die Kosten für die Klassenfahrt
werden in diesem Fall **nicht** erstattet.

_________________________ , den _________________________

(Ort)   (Datum)

____

(Unterschrift)

 Wenn Eltern und Kinder kein Deutsch verstehen …

Sevgili anne ve babalar!

Ümidimiz, sınıf gezimizin problemsiz geçmesidir. Ama bazen bir çocuk hasta olabiliyor. O anda en önemli bilgiler elimizde olursa, çok iyi olur. Bu yüzden lütfen aşağıdaki soruları cevaplamanızı rica ederiz.

➲ Çocuğun adı / soyadı:

Doğum tarihi:

Ulaşabileceğimiz tam adresiniz:

➲ Acil durumlarda ulaşabileceğimiz telefon numaralarınız:

Özel:

Cep:

İşyeri:

➲ Çocuğumuz aşağıdaki sağlık sigortasında sigortalı (lütfen sigorta kartını bize veriniz):

Sigortalı olan kişi:

Doğum tarihi:

İşyeri:

Benim/bizim çocuğumuz mali sorumluluğa karşı sigortalıdır.

❑ evet   ❑ hayır

➲ Çocuğumuzun bildiğimize göre şu alerjileri var:

➲ Çocuğumuz şu ilaçları kullanmak zorunda:

Şu saatlerde alması gerekiyor:

➲ İlaçlar bunlar için/bunlara karşı:

➲ Çocuğumuz şunlara karşı aşılıdır (çarpılayın, olmayanları karalayın):

❑ kızamık, kaba kulak, kızamıkcık (Röteln)
❑ windpocken (su çiceği)
❑ tetanos, kuş palazı (Diphterie), Keuchhusten (boğmaca), hib, Kinderlähmung (çocuk felci)
❑ Bakterielle Meningitis (menenjit)

En son tetanos aşısının tarihi:

➲ Çocuğum/çocuğumuz son dört hafta içerisinde bulaşıcı hastalığı olan birisi ile temase geçti:

➲ Sağlığı ile ilgili dikkat etmeniz gereken şeyler:

Çocuğum/Çocuğumuz anlaşılmış kurallara karşı aykırı hareket ederse, gerekirse onu alıp getirmem/getirmemiz veya yol masrafını benim/bizim karşılamamız şartıyla onun geri gönderileceğine dair bana/bize bilgi verilmiştir. Böyle bir durumda sınıf gezisi masrafı geri <u>ödenmiyor</u>.

_______________, ________________

(yer)   (tarih)

____

(imza)

Уважаемые родители!

Мы очень надеемся, что наша поездка пройдёт без происшествий. Но,к сожалению, возможно, что кто-то заболеет. В таком случае нам сразу же потребуются важные сведения о ребёнке. Поэтому, пожалуйста, заполните нижестоящую анкету.

- Имя/Фамилия ребёнка:

  дата рождения:

  Полный адрес, по которому можно застать родителей:

- Номер телефона:

  домашний:

  сотовый:

  рабочий:

- Наш ребёнок застрахован в страховой компании (название фирмы). Медицинская страховая карточка прилагается:

  Главный застрахованный (родитель):

  дата рождения:

  Место работы:

  Мой/наш ребёнок застрахован на случай привлечения к ответственности (*haftpflichtversichert*).

  ❏ да ❏ нет

- У нашего ребёнка аллергии на:

- Наш ребёнок принимает следующии лекарства:

  Время приёма:

- Лекарства от /против:

- Наш ребёнок привит против (*отметить, ненужное зачеркнуть*):

  ❏ корь, свинка, краснуха
  ❏ ветрянка
  ❏ столбняк, дифтерия, коклюш, полиомиелит, энцефалит (*клещевой*)
  ❏ Бактериальный менингит

  Последняя прививка столбняка была сделана:

- Мой/наш ребёнок был в течение последних четырёх недель в контакте с больным следующим заразным заболеванием:

- Обратите внимание на то, что у нашего ребёнка (*перечислить особенности, касающиеся здоровья ребёнка*):

Мне/нам известно, что при сильных нарушениях установленных правил ребёнок должен будет прервать поездку. За мой/наш счёт он будет отправлен назад или я/мы должны будем забрать его. Затраты за поездку не возвращаются.

_____________________,

(город)   (дата)

____

(подпись)

Drodzy Rodzice!

Pomimo pokładanej przez nas nadziei, że wycieczka klasowa przebiegnie bez żadnych komplikacji, musimy jednak posiadać od Państwa niezbędne dane osobowe w razie nieprzewidzianych okoliczności. Mamy tu na myśli chorobę czy też jakąś niedyspozycję dziecka. Dlatego też prosimy o wypełnienie niniejszego formularza.

➲ Imię i nazwisko dziecka:

Data urodzenia:

Dokładny adres, pod którym są Państwo osiągalni:

➲ Numer telefonu pod którym są Państwo osiągalni:

domowy:

komórkowy:

służbowy:

➲ Nasze dziecko jest ubezpieczone w następującej Kasie Chorych (*Proszę dołączyć Kartę Ubezpieczeniową*):

Główny ubezpieczony:

urodzony:

zatrudniony:

Moje/nasze dziecko jest ubezpieczone od odpowiedzialności cywilnej.

❏ tak   ❏ nie

➲ Nasze dziecko ma następujące alergie:

➲ Nasze dziecko musi otrzymać następujące leki:

czas pobrania leku:

➲ leki działają na/przeciw:

➲ Nasze dziecko było szczepione przeciwko (*zaznaczyć, niepotrzebne skreślić*):

❏ odra, świnka, Różyczka
❏ ospa wietrzna
❏ tężec, dyfteryt, koklusz, żółtaczka B, heine Medina
❏ bakteryjne zapalenie (*opon mózgowych*)

Ostatnia szczepionka przeciwko Tężcowi była:

➲ Moje/nasze dziecko miało w ciągu ostatnich czterech tygodni kontakt z osobami chorymi na:

➲ Następujące czynnki zdrowia należy jeszcze uwzględnić:

Zostałem/zostaliśmy poinformowani, że przy poważnym naruszeniu ustalonych reguł, nasze dziecko zostanie odebrane z wycieczki lub na nasz koszt odesłane do domu.
Koszty wycieczki klasowej w takich wypadkach **nie** zostaną zwracane.

_________________________ ,

(miejscowość)   *(data)*

____

(podpis)

Wörterlisten

Ausflug/Klassenfahrt

Deutsch	Türkisch	Russisch	Polnisch
Badeanzug	mayo	купальник	strój kąpielowy
Badehose	yüzme şortu	плавки	kąpielówki
Bademantel	bornoz	махровый халат	szlafrok
Badeschlappen	yüzme terliği	шлёпанцы	klapki
Bettlaken	çarşaf	простыня	prześcieradło
Bettzeug (Kissen- und Bettbezug)	yastık ve yorgan kılıfı	постельное бельё (наволочка и пододеяльник)	pościel (poduszka z poszewką)
Briefmarke	pul	почтовая марка	znaczek
Butterbrotdose	ekmek kutusu	коробочка для бутербродов	pojemnik na kanapki
CD	cd	компакт диски (auch CD)	cd
Duschzeug	duş eşyası	мыло для душа	żel pod prysznic
Etwas zu essen	yiyecek bir şeyler	что-нибудь перекусить	coś do zjedzenia
Feste Schuhe	sağlam ayakkabı	закрытая обувь	pełne obuwie
Großes Handtuch	büyük havlu	большое полотенце	duży ręcznik
Gummistiefel	lastik çizme	резиновые сапоги	gumowce
Haarwaschmittel	şampuan	шампунь	szampon
Handy	cep telefonu	сотовый телефон	telefon komórkowy
Hausschuhe	terlik	домашние тапочки	kapcie
Kappe	şapka	кепка, панамка	czapka z daszkiem
Keine Süßigkeiten	hiç bir tatlı çeşidi	сладости категорически запрещены	żadnych słodyczy
Kleines Handtuch	küçük havlu	маленькое полотенце	duży ręcznik
Kulturbeutel	sabunu ve diğer banyo eşyalarını koymak için küçük çanta	сумочка с предметами гигиены косметиика	kosmetyczka
Kuscheltier	en sevdiği oyuncak	мягкая игрушка	maskotka
Lange Hosen	uzun pantolon	длинные брюки	spodnie
Münzen	bozuk para	мелочь (деньги)	monety

Deutsch	Türkisch	Russisch	Polnisch
Postkarte	kartpostal	открытка	pocztówka
Pullover	kazak	свитер	sweter
Regenhose	yağmur pantolonu	резиновые брюки (от дождя)	spodnie nieprzemakalne
Regenjacke	yağmur ceketi	дождевая куртка	kurtka przeciwdeszczowa
Rucksack	sırt çantası	рюкзак	plecak
Sandalen	sandalet	сандали, босоножки	sandały
Schmusedecke	– –	покрывало (мягкий плед)	kocyk
Socken	çorap	носки	skarpety
Sonnenmilch	güneş kremi	крем от солнца	mleczko do opalania
Spiele	oyunlar	игры	gry
Stifte	kalemler	карандаши	pisaki
Strumpfhose	külotlu çorap	колготки	rajstopy
Süßigkeiten	şeker ve çikolata	сладости	słodycze
Telefon	telefon	телефон	telefon
Trinkflasche	kırılmayan su şişesi	бутылка для питья	butelka na napoje
Trinkpäckchen	meyve suyu paketi	пакетики с напитками	napoje z rurką
T-Shirts	tşört	футболка	koszulki
Unterwäsche	iç çamaşırı	нижнее бельё	bielizna

Bezeichnungen für Feste

Deutsch	Türkisch	Russisch	Polnisch
Klassenfest	sınıf bayramı	праздник класса	zabawa klasowa
Schulfest	okul bayramı	праздник школы	zabawa szkolna
Lichterfest	ışıklar bayramı	праздник света	święto lampionów
Weihnachtsfeier	noel bayramı	праздник рождества	boże narodzenie
Winterfest	kış bayramı	праздник зимы	święta grudniowe/zimowe
Frühlingsfest	ilkbahar bayramı	праздник весны	święto wiosny
Sommerfest	yaz bayramı	праздник лета	święto lata

  Wenn Eltern und Kinder kein Deutsch verstehen …

Bezeichnungen für Feste

Deutsch	Türkisch	Russisch	Polnisch
Laternenumzug	fenerli geçit	прогулка с фонарём-латерной	pochód lampionów
Halloween	halloween	хэловин	hallowen
Nikolaus	noel baba	день святого николая	mikołaj
Verabschiedungsfeier	uğurlama bayramı	выпускной вечер	zabawa pożegnalna
Einschulungsfeier	İlk okul günü eğlencesi	праздник первокласника	zabawa powitalna

Classroom language: Begrüßung/Vorstellen

Deutsch	Türkisch	Russisch	Polnisch
Guten Tag!	Günaydın! – günáyden!	Здравствуйте! Добрый день! – dobrij djen'!	dzień dobry! – dschien dobre!
Hallo!	Merhaba! – mérhaba!	Привет! – priwjét!	cześć! – tscheschtsch!
Tschüss!	Güle güle! – gülä, gülä!	Пока! – paká!	cześć! – tscheschtsch!
Auf Wiedersehen!	görüşmek üzere! – görüschmeck üsärä!	До свидания! – daswidánja!	Do widzenia! – Do wizenia!
Bis morgen!	yarın görüşmek üzere – jaren görüschmeck üsärä	До завтра! – Da sáwtra!	Do jutra! – Do jutra!
Ich heiße …	Benim adım … – Benim adem …	Меня зовут … – Menjá sawú t …	Mam na imię … – mamm na imiä …
Wie heißt du?	Senin adın ne? – ßenin aden nä?	Как тебя зовут? – Kak tebjá sawút?	Jak się nazywasz? – Jak schijau nasiwasch?
Wie geht es dir?	Nasılsın? – Násselssen?	Как у тебя дела? – Kak u tebjá djéla?	Jak ci idzie? – Jak tschi idsche?
Das ist … (Name)	Bu … – Bu …	Это … – Äta	To jest … – To jest
Du sitzt hier.	Sen burada oturuyorsun. – ßen burada oturrujorrßun.	Ты сидишь здесь. – Ti ßjidísch sdjeß.	Ty siedzisz tutaj. – Ti schedschisch tutai.
Das ist dein Platz.	Burası senin yerin. – Buraße ßenin jerin.	Это твоё место. – Äta twajó mjeßto.	To jest twoje miejsce. – To jest twoje miejsze.
Du sitzt neben … (Name)	Sen … 'in/ın yanında oturuyorsun. – ßen … 'in/en janenda oturrujorrßun.	Ты сидишь около … – Ti ßjidísch ókala …	Ty siedzisz obok … – Ti schedschisch obok …
Das ist dein Stundenplan.	Bu senin ders planın. – Bu ßenin derrs plannen.	Это твоё расписание уроков. – Äta twajó raßpißánije uroków.	To jest twój plan godzin. – To jest twui plan godschin.
Das ist deine Kiste.	Bu senin kutun. – Bu ßenin kutun.	Это твой ящик. – Äta twoj jáschik.	To jest twoja skrzynka. – To jest twuja skschinka.

Deutsch	Türkisch	Russisch	Polnisch
Hier kannst du deine Jacke aufhängen.	Buraya ceketini asabilirsin. – *Buraya dscheketíni assabilirßin.*	Здесь ты можешь повесить куртку. – *Sdjeß ti mósch(j)esch* pawjéßít kúrtku.*	Tu możesz swoją kurtkę powiesić. – *Tu moschesch twojau kurtkau powijeschidsch.*
Hier ist die Toilette!	Burası tuvalet! – *Buraße tuwalett!*	Здесь туалет! – *Sdjeß tualjét!*	Tu jest toaleta! – *Tu jest toaläta!*

*Der russische Buchstabe „ж" wird wie das „g" in Garage ausgesprochen, ist also eine Art Zwischenlaut zwischen „sch" und „j". In den Aussprachehinweisen ist er deswegen als sch(j) abgebildet.

Classroom language: Frühstückspause

Deutsch	Türkisch	Russisch	Polnisch
Jetzt ist Frühstückspause.	Şimdi kahvaltı teneffüsü. – *Schimdi kachwalte teneffüssü.*	Сейчас переменка для завтрака. – *Bejtscháß pjeremjénka dlja sáwtraka.*	Teraz jest przerwa śniadaniowa. – *Terras jest pscherwa schnjadanjowa.*
Hast du etwas zu essen mit?	Yiyecek bir şey getirdin mi? – *Jijädschäk birr schäy gätirrdin mi?*	У тебя есть что-то покушать? – *U tebjá jeßt schto-to pakuschát?*	Masz coś ze sobą do jedzenia? – *Masch zosch se sobon do jetsenija?*
Trinkst du noch aus?	Daha içecek misin? – *Daha itschädschäk missin?*	Хочешь допить? – *Chótschesch dapit' ?*	Napijesz się jeszcze? – *Napijesch schje jeschtsche?*
Frühstück wegpacken!	Kahvaltıyı toplayın! – *Kachwalteje topplajen!*	Убираем завтрак! –*Ubirájem sáwtrak!*	Śniadanie spakować! – *Schnjadanije spakowatsch!*
Da ist der Mülleimer.	Bu çöp kutusu. – *Bu tschöpp kutussu.*	Это мусорное ведро. – *Äta mùßornoje wjédro.*	Tu jest śmietnik. – *Tu jest schmetnik.*
Du kannst nach draußen gehen.	Dışarıya gidebilirsin. – *Deschareja gidäbilirrssin.*	Ты можешь идти на школьный двор. – *Ti mosch(j)esch idti na schkolnij dwor.*	Ty możesz iść na zewnątrz. – *Ti moschesch wijschtsch na sewnontsch*
Stell dich bitte auf!	Lütfen sıraya gir. – *Lüttfän ßeraja gir.*	Встань, пожалуйста! – *Wßtan, paschálujßta!*	Ustaw się! – *Ustaf schiä!*

Classroom language: Materialien

Deutsch	Türkisch	Russisch	Polnisch
Schreibheft	Yazı defteri – *Jase defteri*	Тетрадь для письма – *Tjetrád dlja píßma*	Zeszyt do pisania – *Sejschid do pissanija*
Rechenheft	Matematik defteri – *Matematik däftäri*	Тетрадь по математике – *Tjetrad pa matematike*	Zeszyt do rachunków – *Sejschid do rachunkuw*
Hausaufgabenheft	Ev ödevi defteri – *Äw ödäwi däftäri*	Дневник – *dnewnik*	Zeszyt do zadań domowych – *Sejschid do sadan domowich*

Classroom language: Materialien

Deutsch	Türkisch	Russisch	Polnisch
Mathematikbuch	Matematik kitabı – *Matematik kitabe*	Учебник по математике – *Utschjébnik pa matematike*	Książka do matematyki – *Kschaunschka do matematiki*
Übungsheft	Çalışma defteri – *Tschaleschma däftäri*	Тетрадь для тренировки – *Tjetrád dlja trenirówki*	Zeszyt ćwiczeń – *Sejschid do tschwitschejni*
Sachbuch	Hayat bilgisi kitabı – *Hayat bilgisi kitabe*	Учебник по природоведению – *Utschjébnik pa prirodowédeniju*	Książka fachowa – *Kschaunschka fachowa*
Sportzeug	Spor eşyası – *ßpor eschjase*	Спортивные вещи – *ßportíwnije wjéschi*	rzeczy sportowe – *Schedschi sportowe*
In die Mappe heften.	Klasöre yerleştirin. – *Klasörä jerleschtirin.*	Подколоть в папку. – *Podkalótj w pápku.*	Wpiąć do skoroszytu – *Wpjonsch do skoroschytu*
In den Ordner heften.	Dosyaya yerleştirin. – *Doßyaya jerleschtirin.*	Подколоть в скоросшиватель. – *Podkalótj w ßkaráßschiwatjel.*	Wpiąć w segregator – *Wpjonsch w segregator*
Das ist für deine Eltern.	Bu anne ve baban için. – *Bu annä ve babán itschin.*	Это для твоих родителей. – *Äta dlja twoích radítjelij.*	To jest dla twoich rodziców. – *To jest dla twoich roditsuw.*
Fibel	Okuma, yazma kitabı – *Okuma, jasma kitabe*	Учебник – *Utschjébnik*	Instrukcja – *Instruktsija*
Sprachbuch	Almanca kitabı – *Almandscha kitabe*	Учебник по языку – *Utschjébnik pa jásiku*	Książka do nauki języka – *Kschaunschka do na uki jausika*
Lesebuch	Okuma kitabı – *Okuma kitabe*	Учебник по чтению – *Utschjébnik pa tschténiju*	Książka do czytania – *Kschaunschka do tschitanija*

Classroom language: Regeln/Aufforderungen/Fragen

Deutsch	Türkisch	Russisch	Polnisch
Ja!	Evet! – *äwätt!*	Да! – *Da!*	Tak! – *Tak!*
Nein!	Hayır! – *hajerr!*	Нет! – *Njet!*	Nie! – *Nijä!*
Bitte!	Lütfen! – *Lütfänn!*	Пожалуйста! – *Paschàlujßta!*	Proszę! – *Prosche!*
Danke!	Teşekkür ederim! – *Täschäkkürr ädärim!*	Спасибо! – *ßraßíba!*	Dziękuję! – *Dschenkúje!*
Entschuldigung!	Özür dilerim! – *Ösürr dilärimm!*	Извините! – *Iswinite!*	Przepraszam! – *Pschäpráscham!*
Aufzeigen, bitte!	Lütfen parmak kaldırın! – *Lütfänn parrmak kalderenn!*	Покажите, пожалуйста! – *Pakaschite paschalujßta!*	Wskazać się prosze! – *Squaschatsch schje prosche!*
Ruhe!	Sessiz olun! – *ßeßis ollunn!*	Тишина! – *Tíschina!*	Cisza! – *zischa!*
Bitte leise arbeiten!	Lütfen sessiz çalışın! – *Lütfänn ßeßis tschaleschenn!*	Пожалуйста, работайте тихо! – *Paschalujßta, rabotajte ticha!*	Proszę w ciszy pracować! – *Prosche w tschische prazowatch!*

Deutsch	Türkisch	Russisch	Polnisch
Zuhören!	Dinleyin! – Dinnlejinn!	Слушайте! – ßluschajte!	Słuchać! – suchatch!
Stuhlkreis!	Sandalye dairesi! – ßandalljä dairäß!	Круг из стульев! – Krug is ßtúljew!	Krzesła w koło! – Kschessau w kowo!
Aufstellen!	Sıraya dizilin! – ßeraja dizilin!	Поставьте наверх! – Paßtàwte nawérch!	Postawić! – Postawitch!
Setz dich bitte!	Lütfen otur! – Lütfänn oturr!	Садись, пожалуйста! – ßadíß, paschalujßta!	Usiąć proszę! – Uschontsch prosche!
Stehen bleiben!	Dur! – Durr!	Останься стоять! – Aßtànßja ßtajàt!	Stój! – stui!
Aufhören! Schluss!	Dur! Yeter! – Durr! Jätärr!	Прекратите! Достаточно! Всё! – Prekratite! Daßtàtatschna! Wßjo!	Przestać! Koniec! – Pschestatch! Konjez!
Eintragen!	kaydetmek! – kajdettmek	Запишите! – Sapischítje!	Wpisać! – Wpissatch!
Noch einmal schreiben!	Tekrar yaz! – Täckrar jas!	Запишите ещё раз! – Sapischítje jeschóraß!	Jeszcze raz napisać! – Jeschze ras napissatch!
Mit Bleistift/Füller.	Kurşun kalemle/dolma kalemle. – Kurschun kalämlä/dollma kalämlä.	Карандашом/чернильной ручкой – Karandáschom/tschernílnoj rútschkoj!	Ołówkiem/piórem – Ouwkiem/pjurem
Fang jetzt an!	Şimdi başla! – Schimdi baschla!	Начинай! – Natschináj!	Zaczynaj! – Satschinaj!
Kommst du nach vorne?	Öne gelir misin? – Önä gelirr missin?	Выйди к доске! – Wijdi k daßke!	Możesz przyjść do przodu? – Moschesch pschijschz do pschodu?
Hast du das verstanden?	Bunu anladın mı? – Bunu anladenn me?	Ты это понял? – Ti àta pònjal?	Zrozumiałeś to? – Srosumjauesch to?
Hast du eine Frage?	Bir sorun var mı? – Birr ßorunn warr me?	У тебя есть вопрос? – U tebjá jeßt wapróß?	Masz pytanie? – Masch pitanje?
Warte!	Bekle! – Bäcklä!	Подожди! – Padaschdi!	Poczekaj! – Potschekaj!
Ich komme gleich.	Biraz sonra geliyorum. – Biras ßonra gelijórumm.	Я сейчас приду. – Ja ßejtschàß pridú.	Przyjdę za chwilę. – Pschidau sa chfilau.
Mach das zu Ende!	Bunu bitir! – Bunu bitirr!	Доделай до конца! – Dodjélaj da kanzà!	Zrób to do końca! – Srub do konza!
Das ist für später!	Bu sonra için! – Bu ßonra itschin!	Это понадобится позже! – Àta panadóbitsja poßsche!	To jest na później! – To jest na potem!
Der Rest ist Hausaufgabe!	Kalan ev ödevi! – Kalann äw ödäwi!	Остальное – домашнее задание! – Aßtálnoje – damáschneje sadánije!	Reszta to zadanie domowe! – Reschta to sadanje domowä!
Hast du die Hausaufgaben gemacht?	Ev ödevini yaptın mı? – Àw ödäwini japptenn me?	У тебя есть домашнее задание? – U tebjá jeßt damáschneje sadánije?	Masz zadanie domowe? – Masch sadanje domowä!
Zeig bitte dein Heft!	Lütfen defterini göster! – Lütfänn däftärini gößtärr!	Покажи, пожалуйста, твою тетрадь! – Pakaschi paschalujßta, twajú tjetrád!	Pokaż zeszyt proszę! – Pokasch prosche twui sejschid!
Pack das bitte weg!	Lütfen bunu çantana koy! – Lütfänn bunu tschantana koj!	Убери, пожалуйста! – Uberi paschalujßta!	Zapakuj to proszę! – Sapakui to prosche!

 Wenn Eltern und Kinder kein Deutsch verstehen …

Classroom language: Regeln/Aufforderungen/Fragen

Deutsch	Türkisch	Russisch	Polnisch
Wirst du (nicht) abgeholt?	Birisi gelip seni alacak mı (almayacak mı)? – *Birissi gälipp ssäni aladschákme? (álmajadschak me)*	За тобой не пришли? – *Sa tabój nje prischlí?*	(nie) będziesz odebrany? – *(nje) bendschesch oderbrane?*
Ist jemand bei euch zu Hause?	Sizin evde birisi var mı? – *ßisin äwdä birißi warr me?*	Кто-то есть у вас дома? – *Kto-to jeßt u waß dóma?*	Jest ktoś u was w domu? – *Jest ktosch u was w domu?*

Elternabend

Deutsch	Türkisch	Russisch	Polnisch
Abschlussfeier	okulu bitirme kutlaması	выпускной вечер	zabawa na zakończenie szkoły
Abstimmung	oylama	голосование	głosowanie
Ausflug	gezi	экскурсия	wycieczka
Diskussion	tartışma	дискуссия	dyskusja
Einschulung	okula kaydetme	первый раз в первый класс	rozpoczęcie szkoły
Förderverein	okulu desteklemek için kurulan dernek	родительский комитет	ugrupowanie wspierające pracę szkoły
Formalien	formaliteler	формальное	formalność
Handyverbot	cep telefonu yasağı	запрет на сотовый телефон	zakaz używania handy
Klassenfahrt	sınıf gezisi	путешествие с классом	wyjazd klasowy
Klassenkasse	sınıf kasası	касса класса	kasa klasowa
Klassenregeln	sınıf kuralları	правила класса	zasady klasowe
Lerninhalte im … Schuljahr	… sınıftaki öğretim konuları	содержание учебного материала в … году	zawartość materiału szkolnego na rok …
Materialien	eşyalar	материалы	materiały
Neuer Stundenplan	yeni ders planı	новое расписание уроков	nowy plan godzin
Projektwoche	proje haftası	экспериментальная неделя	tydzień projektowania
Schulordnung	okul düzeni	правила порядка школы	porządek szkolny
Verschiedenes	değişik noktalar	разное	różne
Wahl der Klassenpflegschafts-vorsitzenden	sınıf aile birliği başkanı seçimi	выборы главы предстовителей родительского комитета	wybór reprezentanta i opiekuna klasy z pośród rodziców

Deutsch	Türkisch	Russisch	Polnisch
Wandertag	gezi günü	поход	dzień wędrówki
Weihnachtsfeier	Noel kutlaması	рождественский праздник	boże narodzenie
Ziffernzeugnisse	notlu karne	аттестат без оценок	świadectwo szkolne

Farben

Deutsch	Türkisch	Russisch	Polnisch
blau	mavi	синий	niebieski
gelb	sarı	жёлтый	żółty
grün	yeşil	зелёный	zielony
lila	mor	сиреневый	fioletowy
rot	kırmızı	красный	czerwony
schwarz	siyah	чёрный	czarny
weiß	beyaz	белый	biały

Frühstück

Deutsch	Türkisch	Russisch	Polnisch
Becher	bardak	стакан	kubek
Brettchen	küçük ekmek tahtası	дощечка	deska do krojenia
kleines, scharfes Messer	küçük, keskin bıçak	маленький, острый нож	mały, ostry nóż
Messer	bıçak	нож	nóż
Schale	çanak	пиала	salaterka
Schüssel	kase	миска	duża salaterka
Tasse	fincan	чашка	filiżanka
Teller	tabak	тарелка	talerz
Obst	meyve	фрукты	owoce
Apfel	elma	яблоко	jabłko
Banane	muz	банан	banan
Birne	armut	груша	gruszka

Frühstück

Deutsch	Türkisch	Russisch	Polnisch
Orange	portakal	апельсин	pomarańcze
Trauben	üzüm	виноград	winogrona
Gemüse	sebze	овощи	warzywa
Gurke	salatalık	огурец	ogórek
Möhre	havuç	морковь	marchewka
Nüsse	fındık	орехи	orzechy
Paprika	biber	сладкий перчик	papryka
Tomate	domates	помидор	pomidor
Jogurt	yoğurt	йогурт	jogurt
Käse	peynir	сыр	ser
Quark	lor peyniri	творог	twarożek
Brot	ekmek	хлеб	chleb
Brötchen	broçin	булочка	bułki
Cornflakes	kellogs	хлопья	płatki
Müsli	müsli	мюсли	musli
Honig	bal	мёд	miód
Marmelade	reçel	варенье	marmolada
Kakao	kakao	какао	kakao
Milch	süt	молоко	mleko
Saft	meyve suyu	сок	sok
Tee	çay	чай	herbata
Wasser	su	вода	woda

Konflikte

Deutsch	Türkisch	Russisch	Polnisch
Er/sie tritt.	O tekme atıyor.	Он/она толкается.	On/ona kopie.
Er/sie spuckt.	O tükürüyor.	Он/она плюётся.	On/ona pluje.

Deutsch	Türkisch	Russisch	Polnisch
Er/sie schlägt.	O dövüyor.	Он/она бьёт, дерётся.	On/ona bije.
Er/sie beleidigt andere Kinder.	O hakaret ediyor.	Он/она оскорбляет других детей.	On/ona obraża inne dzieci.
Er/sie zieht an den Haaren.	O saçlardan çekiyor.	Он/она тянет за волосы других.	On/ona ciągnie za włosy.
Er/sie boxt in den Bauch.	O karına boks ediyor.	Он/она бьёт в живот других детей.	On/ona boksuje w brzuch.
Er/sie kratzt.	O tırmalıyor.	Он/она царапается.	On/ona drapie.

Materialien – Benötigte Schulsachen

Deutsch	Türkisch	Russisch	Polnisch
Federmäppchen	kalem kutusu	пенал	piórnik
Anspitzer mit Auffangbehälter	kutulu kalemtıraş	точилка с ёмкостью для стружек	strugaczka do ołówków z pojemnikiem
Bleistifte	kurşun kalem	простые карандаши	ołówki
Dicke Buntstifte	iri boya kalemi	толстые цветные карандаши	grube flamastry
Filzstifte	keçe kalem	фломастеры	pisaki
Lernfüller	dolma kalem	учебная чернильная ручка	pióro do pisania dla dzieci
Lineal	cetvel	линейка	linijka
Radiergummi	silgi	стиральная резинка	gumka
Tintenpatronen	mürekkep	чернильные балончики	naboje do pióra
Hefte	defter	тетради	zeszyty
Rechenheft DIN A …, Lineatur … mit … Umschlag	matematik defteri DIN A …, çizgisi … kılıflı	тетрадь по математике (в клетку) размер DIN A …, линеатура … с … обложками	zeszyt do rachunków DIN A…, w linijkę … z okładką …
Schreibheft DIN A …, Lineatur … mit … Umschlag	yazı defteri DIN A …, çizgisi … kılıflı	тетрадь для письма (в линейку) размер DIN A …, линеатура … с … обложками	zeszyt do pisania DIN A …, w linijkę … z okładką …
Oktavheft DIN A …	küçük defter DIN A …	тетрадь для новых слов DIN A	zeszyt do pisania nut DIN A …
Heft DIN A … (blanko)	defter DIN A … (çizgisiz)	тетрадь din a … (не разлинованная)	zeszyt DIN A … (czysty)
Mappen/Hefter	dosyalar	папки	teczka/zeszyt
Rote Mappe	kırmızı dosya	красная папка	teczka czerwona

Wenn Eltern und Kinder kein Deutsch verstehen …

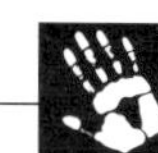

Materialien: Benötigte Schulsachen

Deutsch	Türkisch	Russisch	Polnisch
Blaue Mappe	mavi dosya	синяя папка	teczka niebieska
Gelbe Mappe	sarı dosya	жёлтая папка	teczka żółta
Weiße Mappe	beyaz dosya	белая папка	teczka biała
Grüne Mappe	yeşil dosya	зелёная папка	teczka zielona
Lila Mappe	mor dosya	сиреневая папка	teczka liliowa
Schwarze Mappe	siyah dosya	чёрная папка	teczka czarna

Materialien – Sonstiges

Deutsch	Türkisch	Russisch	Polnisch
Zeichenblock DIN A …	resim defteri DIN A …	альбом для рисования DIN A …	blok rysunkowy DIN A …
Klebestift	yapıştırıcı (kalem)	клеевой карандаш	klej w sztyfcie
Wasserfarbkasten mit … Farben	… renkli sulu boya kutusu	набор красок … цветов	farby akwarelki z …
Borstenpinsel	sert resim fırçası	кисточка с жёсткой щетиной	pędzel ze szczeciny
Haarpinsel	yumuşak resim fırçası	кисточка с натуральной щетиной	pędzel włosiany
Wachsmalstifte	pastel boya kalemi	восковые карандаши	kredki woskowe
Schere	makas	ножницы	nożyczki
Schwimmzeug (Badehose/Badeanzug, Badekappe, Handtuch, Duschzeug, Badeschlappen)	yüzme eşyaları (yüzme şortu/mayo, bone, havlu, duş eşyaları, banyo terliği)	плавательные принадлежности (плавки/купальник, резиновая шапочка, полотенце, мыло, шлёпанцы)	strój kąpielowy, czepek, ręcznik, klapki, żel pod prysznic
Turnbeutel mit T-Shirt, Sporthose und Turnschuhen mit heller Sohle	spor çantası, tişört, spor pantolonu ve tabanı açık renkte olan jimnastik pabucu veya spor ayakkabısı	спортивная сумка с футболкой, трико и кедами со светлой подошвой	torba sportowa ze spodenkami, podkoszulką sportową i butami sportowymi o jasnej podeszwie

Wichtige Hinweise/Weitere Dinge

Deutsch	Türkisch	Russisch	Polnisch
Auf alle Sachen bitte den Namen schreiben, und die Bücher bitte umgehend mit einem Schutzumschlag versehen, da sie von Klasse zu Klasse weitergegeben werden.	Lütfen çocuğunuzun bütün eşyalarına ismini yazınız. Kitaplar sınıftan sınıfa verildiği için, lütfen kitapların hepsine bir kaplık geçiriniz.	Все предметы должны быть подписаны (имя и класс), учебники, пожалуйста, оберните обложками, т. к. они передаются из класса в класс.	Na wszystkim proszę napisać nazwy i książki oprawić w okładki, tak by każda następna klasa też mogła korzystać.
Dicker Ordner	kalın dosya	толстый скоросшиватель	gruby segregator
Geodreieck	üçgen cetvel	чертёжный треугольник	ekierka
Große Mappe für Zeichnungen	resimler için büyük klasör	большая папка для рисунков	duża okładka (teczka) na rysunki
Kugelschreiber	tükenmez kalem	шариковая ручка	długopis
Pausenbrot	teneffüs için ekmek	бутерброд	kanapka
Taschenrechner	hesap makinesi	микрокалькулятор	kalkulator
Trinkbecher	plastik su bardağı	питьевой стакан	kubek
Zirkel	pergel	циркуль	cyrkiel

Monatsnamen

Deutsch	Türkisch	Russisch	Polnisch
Januar	ocak	январь	styczeń
Februar	şubat	февраль	luty
März	mart	март	marzec
April	nisan	апрель	kwiecień
Mai	mayıs	май	maj
Juni	haziran	июнь	czerwiec
Juli	temmuz	июль	lipiec
August	ağustos	август	sierpień

Monatsnamen

Deutsch	Türkisch	Russisch	Polnisch
September	eylül	сентябрь	wrzesień
Oktober	ekim	октябрь	październik
November	kasım	ноябрь	listopad
Dezember	aralık	декабрь	grudzień

Schule von A bis Z

Deutsch	Türkisch	Russisch	Polnisch
Anlauttabelle: Tabelle, mit der Ihr Kind selbstständig schreiben und lesen kann. Jedem Laut ist ein passendes Bild zugeordnet, dessen Name mit diesem Laut beginnt, z.B. für A ein Affe. Ihr Kind kann sich mit Hilfe dieser Tabelle jedes Wort zusammensetzen, das es schreiben möchte, und zwar so, wie es sich anhört. Das ist in Ordnung so! Die richtige Schreibung der Wörter wird erst nach und nach im Unterricht erarbeitet.	Bu tablo ile çocuğunuz kendi kendine okumayı ve yazmayı öğrenebiliyor. Her harfe o harfle veya o sesle başlayan bir resim var, mesela A harfine Affe (maymun). Çocuğunuz bu tablo ile yazmak istediği her kelimeyi duyduğu gibi yazabilir. Bu doğrudur. Kelimeleri almanca doğru olarak yazmasını derste yavaş yavaş öğrenecektir.	Алфавит в картинках: с помощью этой таблицы звуков и букв Ваш ребёнок сможет самостоятельно читать и писать. На каждую букву имеется картинка. Например: А – Ананас… Ваш ребёнок может по слуху составлять слова и ничего, что они будут не правильны! Правописанием мы будем заниматься позже, от урока к уроку.	Tabela dzięki której dziecko może samodzielnie czytać i pisać. Polega to na tym, że każdej głosce dopasowany jest obrazek, który rozpoczyna się na tę właśnie literę. Na przykład: A jak Affe. Każde dziecko z pomocą tej tabelki może każde słowo razem zmontować i napisać tak jak się to słowo słyszy. Właściwą pisownią tych słów będziemy po trochu na lekcji rozpracowywać.
AO-SF: Verfahren, in dem ermittelt wird, ob die Leistungen und die Entwicklung Ihres Kindes es erfordern, dass es gesondert gefördert werden muss (siehe: Sonderpädagogischer Förderbedarf)	AO-SF: bu prosedür ile çocuğunuzun gelişmesi ve başarısı için özel bir desteğe ihtiyaç olup olmadığı araştırılmaktadır (sonderpädagogischer Förderbedarf'a bak)	Способ, который в соответствии с успеваемостью и развитием ребёнка, даёт возможность узнать, не нуждается ли он в специальной программе обучения.	Metoda, dzięki której można stwierdzić czy osiągnięcia dziecka i jego rozwój wykazują, że wymaga ono jeszcze indywidualnego wsparcia.
Arbeitsgemeinschaft (AG): Schulische Veranstaltungen, zu denen sich Ihr Kind freiwillig melden kann. Diese finden meist einmal pro Woche statt. Die Anmeldung gilt in der Regel für ein halbes Jahr. Beispiele: Theater-AG, Computer-AG, Tanz-AG.	çalışma grubu: çocuğunuzun istekli olarak katılabileceği okul etkinlikleri. Genelde haftada bir sefer olmaktadır. Kayıtınız yarım sene için geçerlidir. Mesela: tiyatro grubu, Bilgisayar grubu, Dans grubu.	Факультатив: Занятия по желанию и наклонностям Вашего ребёнка. Как правило они проходят один раз в неделю и продолжаются в течении одного полугодия. Например: театральный факультатив, компьюторный факультатив, танцевальный факультатив.	Szkolne przedsięwzięcia do których dzieci mogą się dobrowolnie zgłaszać. Zajęcia te odbywają się przeważnie raz w tygodniu a zameldowanie się dotyczy jednego półrocza. Są to z reguły: taniec, computer, teatr.

Deutsch	Türkisch	Russisch	Polnisch
Arbeitsverhalten: beschreibt, wie der Schüler arbeitet (z.B. Sorgfalt, Tempo)	çalışma davranışı: öğrencinin derste nasıl çalıştığını anlatır (mesela düzeni, hızı)	Поведение при работе: описывает, как работает ученик (прилежание, скорость)	Opis ukazujący jak dziecko pracuje. Na przykład: staranność, dokładność, tempo
Attest: Bescheinigung vom Arzt, dass Ihr Kind krank ist/war.	Çocuğunuzun hasta olduğuna dair doktorun yazılı belgesi.	Справка от врача о том, что Ваш ребёнок болен/был болен.	Poświadczenie od lekarza, że dziecko jest chore/ było chore.
Bescheinigung	belge	Справка	Poświadczenie
Betreuungsangebot: Möglichkeit, der Betreuung Ihres Kindes außerhalb des Unterrichts in einer Zeit von … bis … Dadurch ist Ihr Kind jeden Tag gleich lang in der Schule. In der Betreuung kann das Kind mit anderen Kindern vor oder nach dem Unterricht lernen und spielen. Eine Anmeldung ist notwendig. Kosten: …	bakım teklifi: Ders dışında saat … dan … a kadar çocuğunuza bakım imkanı. Dolayısıyle çocuğunuz her gün aynı saatlerde okulda kalacaktır. Bakımda çocuğunuz dersten önce ve dersten sonra başka çocuklarla beraber oyun oynayabilir ve ders çalışabilir. Fiyatı: …	Группа продлённного дня даёт возможность наблюдения за Вашим ребёнком в свободное от занятий время. С … по … Поэтому время его нахождения в школе всегда одинаковое. В продлёнке ваш ребёнок вместе с другими детьми будет заниматься и играть после учёбы. Запись обязательна. Стоимость: …	Możliwość otrzymania opieki dla dziecka gdy nie-ma lekcji. Są to określone godziny od … do … Dzięki temu jest Państwa dziecko każdego dnia jednakową ilość godzin w szkole. Przed rozpoczęciem się lekcji lub po lekcjach, dziecko może z innymi dziećmi bawić się lub uczyć. Niezbędne jest zameldowanie się. Koszt wynosi: …
Bewegliche Ferientage: Zusätzlich zu den Ferien und Feiertagen gibt es weitere Ferientage, die die Schule auf bestimmte Tage legen kann. Die Termine legt die Schulkonferenz fest.	değişken tatil günler: Tatil ve bayramların yanısıra okulun belirli günlere koyabileceği tatil günleri vardır. Bunların tarihlerini okul toplantısı belirler.	Передвигающиеся выходные дни: добавочные к каникулам свободные дни, по усмотрению школьной конференции.	Dodatkowo, oprócz wakacji czy też ferji świątecznych ustalane są dni wolne, które mogą się odbyć akurat tylko w naszej szkole. Dotyczą one szkolnej konferencji.
Büchergeld: Anteil, den die Eltern zu den Schulbüchern ihrer Kinder bezahlen	kitap parası: Çocukların kullandıkları kitaplar için ödemeniz gereken para miktarı	Деньги на учебники: часть от стоимости учебников, которую оплачивают родители	Udział w kosztach za książki, które to ponoszą rodzice
DaZ (Deutsch als Zweitsprache): Zusätzlicher Deutschunterricht zur Förderung von Schülern mit einer anderen Muttersprache als Deutsch.	DaZ (ikinci dil Almanca): anadili Almanca olmayan öğrencilere Almancayı daha iyi öğrenebilmeleri için ek Almanca dersi.	Немецкий, как второй язык: дополнительный урок немецкого языка для детей-иностранцев.	Dodatkowe lekcje języka niemieckiego dla uczniów-cudzoziemców.
Einschulung: Tag, an dem die Kinder in die 1. Klasse kommen	birinci sınıfa: Çocukların birinci sınıfa başladıkları gün	Первый учебный день: День, в который Ваш ребёнок первый раз идёт в первый класс	Dzień w którym dzieci rozpoczynają pierwszą klasą

Wenn Eltern und Kinder kein Deutsch verstehen …

Schule von A bis Z

Deutsch	Türkisch	Russisch	Polnisch
Elternstammtisch: Termin, an dem sich die Eltern zum lockeren Austausch treffen. Lehrer können dazu eingeladen werden.	Anne ve babaların sohbet için buluştukları gün. Öğretmenlerin de davet edilme imkanı vardır.	Встреча родителей для свободных бесед. Также могут быть приглашены и учителя.	Luźne spotkanie rodziców, w którym nauczyciele też mogą wziąć udział.
Engagement: Bereitschaft, mitzuarbeiten	angajman: beraber çalışma ve yardım etme isteği	Ангажемент: готовность к совместной работе	Gotowość do współpracy
Entschuldigung: Schriftliche Begründung, warum Ihr Kind in der Schule gefehlt hat. Geben Sie diese Ihrem Kind mit, wenn es wieder gesund ist. Bei einem Fehlen ab drei Tagen brauchen Sie ein Attest vom Arzt.	mazeret: Çocuğunuzun okula gelememesini açıklayan yazılı sebep. Çocuğunuz iyileştiği zaman bu yazıyı onunla beraber okula gönderiniz. Çocuk eğer 3 günden fazla derse katılamazsa doktordan bir rapor gerekiyor.	Извенение: письменное объяснение причины отсутствия Вашего ребёнка на уроках. Такие записки дети приносят с собой, когда они снова приходят в школу. Если ребёнок пропустил более трёх дней, то необходима справка от врача.	Pisemne wyjaśnienie nieobecności dziecka w szkole. Należy je wręczyć dziecku gdy pójdzie do szkoły. Gdy jest ono więcej niż 3 dni nieobecne, niezbędne będzie potwierdzenie od lekarza.
Erziehungsberechtigter: meistens Vater und/oder Mutter	veli: genelde anne ve baba	Законный представитель несовершеннолетнего: обычно отец и/ или мать	Najczęściej ojciec i/lub matka
Förderschule: Schule für Kinder, die auf Grund ihrer Leistungen und/oder ihrer Entwicklung an der Grundschule nicht genügend gefördert werden können	ilkokulda başarılarından ve/veya gelişmelerinden dolayı yeterince desteklenemeyen çocuklar için bir okul	Спецшкола: Школа для детей, которые по причине их успеваемости и/или развития в начальной школе не могут быть достаточно развиты	Szkoła dla dzieci uzdolnionych, które w szkole podstawowej niemają umożliwionego rozwoju swoich talentów
Förderunterricht: Unterricht, in denen die Schüler in kleineren Gruppen zusammengefasst werden, um bestimmte Aufgaben noch einmal intensiver zu bearbeiten	destek ders: Bu derste çocuklar küçük grup içerisinde belirli ödevleri tekrar yoğun bir şekilde işliyorlar	Дополнительные занятия: Занятия, на которых дети в маленьких группах повторяют и закрепляют пройденный материал	Lekcje na których uczniowie w małych grupach, jeszcze raz wykonują przydzielone im zadania
Förderverein: Verein, in dem sich Eltern, Lehrer aber auch ehemalige Schüler zusammenschließen, um die Arbeit der Schule z.B. durch Geldspenden unterstützen	destekleme derneği: Velilerin, öğretmenlerin ve evvelki öğrencilerin katıldığı bir dernek. Bu dernek okuldaki işleri destekler; mesela para yardımlarıyla	Родительский комитет: Группа родителей, учителей и бывших учеников, которая поддерживает работу в школе своими денежными пожертвованиями	Związek nauczycieli, rodziców zjednoczony do wspierania aktywności szkolnej n.p. przez zbiórkę oraz byłych uczniów pieniędzy.

Deutsch	Türkisch	Russisch	Polnisch
Freiarbeit: In bestimmten Stunden kann Ihr Kind selbst wählen, womit es sich beschäftigen möchte, z.B. liest es ein Buch über Autos, bastelt einen Drachen, schreibt eine Geschichte. Der Lehrer stellt hierfür ein bestimmtes Angebot zur Verfügung, aus dem ausgewählt werden kann. Ihr Kind arbeitet in seinem eigenen Lerntempo und entscheidet, ob es allein oder mit anderen Kindern zusammen arbeiten möchte. Hierdurch werden Selbstständigkeit, Eigenverantwortlichkeit und Kooperation gefördert.	serbest çalışma: Belirli derslerde çocuğunuz ne ile çalışmak istediğini kendisi seçebilir, mesela arabalar üzerine kitap okuyabilir, bir uçurtma yapabilir veya bir hikaye yazabilir. Bunun için öğretmen özel bir öneri yapar ve çocuklar bu tekliflerden çalışmak istediklerini seçerler. Çocuğunuz kendi çalışma hızına göre çalışıyor. Yalnız çalışacağına veya arkadaşlarıyla çalışacağına kendisi karar veriyor. Bu şekil çalışmalarda kendi başlarına çalışma, sorumluluk ve işbirliği geliştirilmektedir.	Свободная работа: на некоторых уроках дети могут сами выбирать для себя род занятий. Например: чтение книг, мастерить что-либо, написать какую- нибудь историю. Из предложенных учителем заданий, ребёнок выбирает себе что-то одно и работает в своём темпе. Кроме этого он может выбрать (если желает) себе напарника. Благодаря такому роду работы развиваются самостоятельность, ответственность и умение сотрудничать, кооперироваться.	W określonych godzinach dzieci mogą zdecydować czym chciałyby się zajmować. Mogą czytać, majsterkować lub pisać. Nauczyciel stawia do dyspozycji różne propozycje, które dzieci mogą sobie wybrać. Dzieci mogą również zdecydować jak długo i z kim chcą swoje wybrane zadanie wykonać. Ma to na celu rozwijanie u dzieci samodzielności, odpowiedzialności i kooperatywności.
Frühstückspause: Pause, in denen die Schüler ihr mitgebrachtes Frühstück essen und etwas trinken	kahvaltı teneffüsü: Bu teneffüste çocuklar kendi getirdikleri kahvaltılarını yiyip içeceklerini içiyorlar	Перемена для завтрака: перерыв между уроками, на котором дети могут подкрепить свои силы принесённым завтраком	Przerwa, na której uczniowie mogą skonsumować zabrane z domu kanapki lub coś do picia.
Fußgänger-Training: In Zusammenarbeit mit der Polizei wird in der 1. Klasse das richtige Verhalten im Straßenverkehr geübt. Die Kinder sollen dadurch Sicherheit für ihren Schulweg gewinnen.	yaya çalışmaşı: 1. sınıfta polisle birlikte çocukların trafikte doğru davranışları çalışılıyor. Böylelikle çocukların okul yolunda daha güvenli olmaları sağlanıyor.	Тренировка пешеходов: Вместе с полицией дети изучают правила поведения на дорогах. Это должно помочь маленьким школь никам на их пути в школу.	Dzięki współpracy z policją, dzieci z kL. I mają możliwość nauczyć się właściwego zachowania się na drogach. Ma to uchronić dzieci przed niebezpiecznymi wypadkami i zapewnić bezpieczeństwo w drodze do szkoły.
Hausmeister	hademe	Заведующий хозяйством	Woźny
Kakaogeld: In der Schule besteht die Möglichkeit, für die Frühstückspause Milch, Kakao oder Vanillemilch zu bestellen. Das Geld hierfür wird meistens wöchentlich oder monatlich von der Klassenlehrerin eingesammelt. Den genauen Betrag bekommen Sie vorher mitgeteilt.	kakao parası: Okulda kahvaltı teneffüsü için süt, kakao veya vanilyalı süt ısmarlayabilirsiniz. Çoğunlukla bunun parası sınıf öğretmeninden haftalık veya aylık toplanmaktadır. Tam fiyatı önceden bildirilir.	Деньги на какао: В школе существует возможность заказать для переменки какао, молоко или молоко с привкусом ванили. Ваш классный руководитель один раз в месяц или один раз в неделю собирает на это деньги. О цене Вам сообщат заранне.	W przerwie śniadaniowej można otrzymać mleko, kakao lub mleko waniliowe. Raz w miesiącu lub tygodniu wychowawca klasy zbiera na ten cel pieniądze. O dokładnej sumie jest się wcześniej powiadomionym.

Schule von A bis Z

Deutsch	Türkisch	Russisch	Polnisch
Klassenarbeit	sınav	контрольная работа	sprawdzian
Klassendienste: Dienste, die die Kinder in der Klasse übernehmen (fegen, Tafel putzen, Stühle hochstellen)	sınıf görevleri: öğrencilerin sınıfta üstlendikleri görevler (süpürmek, tahtayı silmek, sandalyeleri kaldırmak)	Дежурство в классе: обязанности по уходу за классной комнатой (подмести, вымыть доску, убрать стулья)	Dyżur klasowy obejmujący małe zadania takie jak; czyszczenie tablicy czy też ustawianie krzeseł
Klassenkasse: Kasse, in die Eltern einen kleinen Beitrag zahlen, um besondere Ausgaben für die Klasse zu finanzieren	sınıf kasası: velilerin küçük bir ödeme yaptıkları kasa. Buradan sınıfın özel harcamaları ödenmektedir.	Касса класса: Касса, из родительских сборов для некоторых нужд класса	Zbiórka pieniężna z małym wkładem na przedsięwzięcia klasowe
KlassenlehrerIn: Der Lehrer/die Lehrerin, die verantwortlich für die Klasse ist.	sınıf öğretmeni: sınıf için sorumlu olan öğretmen	Классный руководитель: учитель, отвечающий за класс	Wychowawca szkolny to nauczyciel opiekujący się konkretną klasą.
Klassensprecher: wird von den Schülern einer Klasse gewählt, um die Interessen der Schüler zu vertreten	sınıf başkanı: öğrencilerin seçtikleri bir öğrenci. Bu kişi öğrencilerin ilgilerini savunur.	Староста класса: выбирается учащимися для защиты их интерессов.	Przewodniczący/a klasy to osoba wybrana przez uczniów do stawania w obronie ich interesów.
Lesemütter/-väter: Eltern, die in die Schule kommen, um in kleinen Gruppen vorzulesen und/oder mit den Schülern lesen zu üben	okuma için anne ve babalar: küçük gruplarda okumak ve öğrencilere okumayı öğretmek için okula gelen veliler	«Читающие» мамы/папы: родители, которые приходят в школу для чтения с детьми в маленьких группах.	Rodzice lub jedno z rodziców, które bierze udział w spotkaniach z uczniami, pomagającym im przy nauce czytania.
Mündliche Mitarbeit: beschreibt, wie häufig und mit welchen Beiträgen sich ein Schüler am Unterricht beteiligt	sözlü derse katılma: öğrencinin derse nasıl ve ne kadar katıldığını açıklar	Устная работа: описывает, сколько, когда и с какими темами ученик принимает участие в уроке	Opisuje uczestnictwo i zaangażowanie się ucznia na lekcjach.
Noten: In unserer Schule gibt es die Noten von 1 bis 6, wobei 1 die beste und 6 die schlechteste Note ist. In der ersten Klasse bekommt Ihr Kind noch keine Noten. Am Ende des ersten Schuljahres bekommt es ein Zeugnis, auf dem seine Leistungen in einem Text beschrieben sind. Ab Klasse 2 oder spätestens ab Klasse 3 gibt es zusätzlich zum Text Ziffernnoten (1–6).	notlar: Bizim okulumuzda notlar 1' den 6'a kadardır. 1 pekiyi ve 6 zayıftır. Birinci sınıfta çocuğunuza henüz not verilmez. Birinci sınıfın sonunda öğrencilerin karnelerinde okuldaki başarıları yazılı bir şekilde karnelere sunulur. İkinci sınıftan itibaren veya en geç üçüncü sınıftan itibaren yazılı karnenin yanı sıra notlar'da verilir (1' den 6' a kadar).	Оценки: в нашей школе существует система оценок от 1 до 6, где 1 – лучшая. А 6 – худшая оценка. В первом классе учащиеся не получают оценок и только в конце первого класса им выдают аттестат – характеристику, в которой в форме текста описана успеваемость ученика. Со второго или с третьего класса к тексту добавляются оценки. (1–6).	Oceny w szkole występują od 1 do 6. Najlepszą jest 1 a najgorsza to 6. W 1 klasie dzieci nie otrzymują jeszcze ocen lecz na koniec pierwszej klasy świadectwo z opisem dokonań i osiągnięć. W 2 lub 3 klasie dochodzą także stopnie od 1 do 6.

Deutsch	Türkisch	Russisch	Polnisch
Radfahrtraining: In Zusammenarbeit mit der Polizei üben die Schüler in Klasse 3 und 4 das richtige Verhalten mit dem Fahrrad im Straßenverkehr. Verkehrsregeln werden gelernt und das sichere Radfahren trainiert. Am Ende gibt es eine Radfahrprüfung, nach der die Schüler mit ihren Fahrrädern auf der Straße fahren dürfen.	bisiklete binme çalısması: Üçüncü ve dördüncü sınıfta öğrenciler polisle beraber bisikletle trafikte doğru davranışları çalışırlar. Trafik kuralları öğrenilir ve güvenli bisiklete binmek çalışılır. Bu çalışmaların sonunda bir sınav vardır. Başarılı bir sınavdan sonra öğrenciler bisikletlerini caddede kullanabilirler.	Тренировка езды на велосипеде: вместе с полицейскими. Ребята 3-х и 4-х классов учатся правильному поведению на велосипеде на дорогах. По окончанию учёбы дети сдают экзамен, после которого они смогут одни ездить на велосипеде в школу.	Dzieci z klasy 3 i 4 uczą się właściwego zachowania na drodze w czasie jazdy na rowerze. Jest to organizowane wraz z policją i na zakończenie odbywa się mały egzamin z ruchu drogowego, po którym uczniowie mogą jeździć na rowerach po ulicy.
Schriftlicher Test: kurze schriftliche Arbeit, mit der überprüft wird, ob die Schüler den Lernstoff verstanden und behalten haben	yazılı test: bu kısa yazılı sınav ile öğrencilerin öğretim konusunu anladıkları ve akıllarında tutabildikleri kontrol edilir	Письменный тест: короткая письменная работа, проверяющая качество усвоенных знаний	Krótki sprawdzian pisemny dzięki któremu ocenia się czy materiał został zrozumiany i zapamiętany
Schulleiter	müdür	директор школы	Dyrektor szkoły
Schulprogramm: Konzept, in dem die Grundsätze, Schwerpunkte und Ziele der jeweiligen Schule beschrieben sind	okul programı: bu taslakta okulun ilkeleri, ağırlıklı çalışma konuları ve amaçları yazılıdır	Школьная программа: Концепт, в котором описаны основные правила, цели и задачи школы	Koncepcja i przedsięwzięcia stworzona do realizowania szkolnych celów
Schwimmer/Nichtschwimmer	yüzme bilenler/yüzme bilmeyenler	умеющие/неумеющие плавать	pływa/nie pływa
Sekretariat	sekretarya	секретарская	sekretariat
Silentium: Zeit, in der Ihr Kind nach der Schule mit der Unterstützung eines Lehrers seine Hausaufgaben erledigen kann	silentium: öğrencilerin dersten sonra bir öğretmenin yardımı ile ev ödevlerini yapabilecekleri zaman	Время, в которое ученик вместе с учителем может заниматься приготовлением домашнего задания	Czas w którym dziecko po szkole, dzięki pomocy nauczyciela odrabia zadanie domowe
Offener Ganztag: Bietet Ihrem Kind die Möglichkeit, über Mittag in der Schule zu bleiben. Es gibt ein Mittagessen und verschiedene Angebote am Nachmittag, z.B. Sport, Malen, Werken, Musik, Computer etc. Außerdem werden schon die Hausaufgaben erledigt. Die Offene Ganztagsschule hat in der Regel bis 16.00 Uhr geöffnet.	Çocuğunuz bütün gün okulda kalabilir. Burada öğlen yemeği yiyebilir. Öğleden sonra değişik faaliyetler var, mesela spor, resim, müzik, bilgisayar … Ayrıca ev ödevleri de yapılıyor. Tüm gün okulu (offenen Ganztagsschule) genelde saat 16.00' a kadar açıktır.	Продлённый учебный день: даёт возможность Вашему ребёнку находиться в школе до 16.00 часов. Дети обедают вместе и после обеда занимаются спортом, рисуют, мастерят, музицируют или занимаются на компьютере. Кроме этого они готовят домашнее задание на следующий день.	Propozycja spędzenia popołudnia w szkole. Do dyspozycji stoją różne ciekawe zajęcia np. ze sportu, rysunku, computera. Będą też odrobione zadania domowe. Dzieci otrzymują też w tym czasie obiad. Odbywa się to z reguły do godziny 16.00.

Wenn Eltern und Kinder kein Deutsch verstehen …

Schule von A bis Z

Deutsch	Türkisch	Russisch	Polnisch
Sonderpädagogischer Förderbedarf: Die persönliche Entwicklung des Kindes und seine Leistungen machen eine gesonderte Förderung notwendig. Dafür kann ein Lehrer der Förderschule an die Grundschule kommen, oder das Kind muss an eine Förderschule wechseln.	Çocugun kişisel gelişmesi ve okuldakı başarısı özel bir destek gerektiriyor. Bunun için Förderschule'dan (destek okulundan) bir öğretmen ilkokula derse gelebilir veya çocuk bir destek okuluna gitmek zorunda kalabilir.	Специальная педагогическая работа: персональное развитие ребёнка и его успехи в школе иногда нуждаются в особенном развитии. Для этого может быть приглашён учитель из спецшколы или ребёнок должен быть переведён в спецшколу.	Zdolności i predyspozycje dziecka nakładają obowiązek szczególnej troski, dzięki której może ono poprzez wsparcie edukacyjne rozwinąć swój talent. W związku z tym może ono zmienić szkołę lub otrzyma regularne odwiedziny ze szkoły dla dzieci zdolnych w naszej szkole.
Sozialverhalten: beschreibt, wie Schüler mit anderen Schülern zusammen lernen und arbeiten, Streit lösen, einander helfen etc.	sosyal davranış: öğrencilerin başka öğrencilerle nasıl beraber öğrendiklerini, çalıştıklarını, tartışmaları çözdüklerini ve nasıl yardım ettiklerini anlatır.	Социальное поведение: описывает, как тот или иной ученик умеет общаться со своими одноклассниками в работе, учёбе, конфликтах. Готов ли он помочь нуждающемуся и т.д.	Opis jak uczeń współpracuje i uczy się z innymi
Sprechzeiten: Termine, zu denen die Lehrer Zeit für die Fragen der Eltern haben	konuşma saatleri: öğretmenlerin ebeveynlerin soruları için ayırdıkları zaman	Время для бесед с родителями: установленные часы, свободные от уроков, на которых учитель может ответить на вопросы родителей.	Czas który poświęca nauczyciel na odpowiadanie na pytania rodziców
Tagesordnung: Übersicht über die Themen einer Sitzung, z.B. für einen Elternabend	gündem: bir toplantının konularının özeti, mesela bir veliler toplantısının	Повестка дня: обзор тем какого-либо собрания (например: родительского собрания)	Przegląd omawianych tematów danego spotkania /przebieg spotkania/
Teilnahmepflicht: die Pflicht, bei bestimmten Veranstaltungen mitzumachen	katılım mecburiyeti: belirli etkinliklere katılma mecburiyeti.	Обязательное участие: в некоторых мероприятиях Ваши дети обязанны принимать участие	Obowiązek współudzału w określonych przedsięwzięciach
Telefonliste: Liste mit den Telefonnummern der Eltern, um Informationen schnell weiterzugeben	telefon listesi: Velilerin telefon numarası listesi. Bu liste ile en hızlı şekilde bilgiler devam verilebiliyor.	Лист номеров телефонов: лист, на котором написаны все номера телефонов родителей, для быстрого обмена информацией.	Lista telefoniczna, która umożliwia szybki kontakt z rodzicami w razie potrzeby przekazywania niezbędnych informacji

Deutsch	Türkisch	Russisch	Polnisch
Übergangsgespräch (Weiterführende Schulen): Wenn Ihr Kind die Grundschule beendet, wird es zu einer neuen Schule wechseln. In einem Gespräch zwischen Klassenlehrer und Eltern soll besprochen werden, welche Schule am besten für Ihr Kind geeignet ist.	Çocuğunuz ilkokulu bitirdiği zaman başka okula gidecektir. Sınıf öğretmeni velilerle bir görüşmede, çocuğunuz için hangi okulun en iyisi olduğunu konuşacaktır.	Собеседование с родителями по поводу перевода в следующую школу: По окончании начальной школы, Ваш ребёнок переходит в одну из следующих школ. В разговоре с родителями обсуждается вопрос выбора этой школы.	Po zakończeniu Szkoły Podstawowej analizują rodzice wraz z wychowawcą klasy, jaką wybrać dalszą drogę edukacji dziecka , która byłaby najlepsza dla jego rozwoju.
Übergangsempfehlung: Der Lehrer verfasst ein Schreiben, welche weiterführende(n) Schule(n) er empfehlen würde. Dieses wird bei der Anmeldung an der neuen Schule vorgelegt.	ilkokuldan sonraki okul önerisi: sınıf öğretmeni çocuğunuza ilkokuldan sonra hangi okulu tavsiye ettiğini yazılı olarak bildiriyor. Yeni okula kayıt ederken, bu yazıyı göstermeniz gerekiyor.	Характеристика для перевода в следующую школу: учитель пишет направление в одну из следующих после начальной школ, в которой по его мнению способен учиться ученик. Это направление – характеристику родители обязанны предъявить в новой школе.	Zredagowane pismo od nauczyciela w którym wyjaśnia się jaka szkoła będzie dla ucznia najodpowiedniejsza po ukończeniu Szkoły Podstawowej. Pismo jest w nowej szkole także przedłożone.
Unterschrift	imza	роспись родителей	podpis
Versetzung: Der Schüler kommt nach den Sommerferien in die nächste Klasse (z.B. von Klasse 3 in Klasse 4).	sınıfı geçmek: yaz tatilinden sonra öğrenci sınıfı geçiyor (mesela: 3' üncü sınıftan 4'üncü sınıfa).	Перевод в следующий класс: ученик переходит после каникул в следующий класс. Например: из 3 в 4 класс.	Uczniowie po wakacjach rozpoczynają nowy rok szkolny w następnej klasie.
Weiterführende Schulen: Schulen, die nach der Grundschule besucht werden	ilkokuldan sonraki okullar	Следующие, после начальной, школы	Szkoły, które są dalszą drogą edukacji dziecka po skończeniu Szkoły Podstawowej

Schule von A bis Z

Deutsch	Türkisch	Russisch	Polnisch
Wochenplan: Plan über alle Aufgaben, die Ihr Kind innerhalb eines bestimmten Zeitraumes (z.B. eine Woche) selbstständig erledigen soll. Es gibt Aufgaben, die allein, mit Partner oder in der Gruppe erarbeitet werden können. Natürlich darf sich Ihr Kind auch Hilfe suchen, wenn es diese braucht. Dafür wendet es sich an andere Kinder oder an den Lehrer. Wenn eine Aufgabe fertig ist, kontrolliert zuerst Ihr Kind, dann erst der Lehrer. Die Arbeit am Wochenplan stärkt die Selbstständigkeit und Eigenverantwortlichkeit Ihres Kindes.	haftalık ders planı: çocuğunuzun belli bir süre içerisinde (mesela bir hafta) kendi başına halletmesi gereken ödevlerin planı. Bazı ödevlerde yalnız başına, bazılarında iki kişi veya bir grup çalışması gerekiyor. Tabii ki çocuğunuza yardım gerekiyorsa, bunu isteyebilir. Bunun için başka çocuklara danışabilir veya öğretmene sorabilir. Bir ödevi bitirdiği zaman, ilk olarak çocuk ödevini kendisi kontrol eder, ondan sonra öğretmen. Haftalık ders planında çalışmak, çocukların kendi kendilerine güvencelerini ve kendi yaptıkları ödevlere sorumluluk taşımasını artırır.	План недели: План, по которому ученик должен заниматься самостоятельно в течении недели или более долгого срока. Существует разный тип заданий: в группе, самостоятельно, с товарищем. Конечно, Ваш ребёнок может воспользоваться помощью. Если он в ней нуждается! Помогать могут и ученики и учитель. По окончании работы ребёнок проверяет всё сам и только после этого сдаёт на проверку учителю. Работа такого рода укрепляет и развивает самостоятельность и ответственность.	Plan zadań, które otrzymują dzieci do wykonania w określonym czasie. Mogą wykonać je w grupach, same lub z nauczycielem. Zadania kontrolowane są najpierw przez dziecko a potem przez nauczyciela. Taki plan ma pomóc dziecku rozwijać własną samodzielność i odpowiedzialność.
Zeugnis	karne	аттестат	świadectwo

Unternehmungen

Deutsch	Türkisch	Russisch	Polnisch
Ausflug	gezi	экскурсия	wycieczka
Klassenfahrt	sınıf gezisi	поездка с классом	klasowa wycieczka
Eislauftag	buzda kayma günü	день катания на коньках	wyjazd na lodowisko
Basteltag	resim dersi günü	мастерим весь день	dzień majsterkowania
Projektwoche	proje haftası	проект-неделя	tydzień projektowania

Unterrichtsfächer

Deutsch	Türkisch	Russisch	Polnisch
Arbeitsgemeinschaft (AG)	çalışma grupları	факультатив	praca społeczna
Deutsch	Almanca	немецкий	niemiecki
Deutsch als Zweitsprache (DaZ)	ikinci dil olarak Almanca	немецкий, как второй язык	niemiecki dodatkowo
Evangelische Religion	protestan din dersi	евангелическая религия	religia ewangelicka
Islamkunde	islam din dersi	ислам	wiedza o islamie
Katholische Religion	katolik din dersi	католическая религия	religia katolicka
Kunst	resim dersi	искусство (рисование)	plastyka
Mathematik	matematik	математика	matematyka
Musik	müzik	музыка	muzyka
Polnisch	Lehçe	польский язык	polski
Russisch	Rusça	русский язык	rosyjski
Sachunterricht	hayat bilgisi	природоведение	środowisko
Schwimmen	yüzme dersi	плавание	pływanie
Sport	spor dersi	физкультура	sport
Textiles Gestalten	tekstil dersi	труд	projektowanie
Türkisch	Türkçe	турецкий яык	turecki

Wochentage

Deutsch	Türkisch	Russisch	Polnisch
Montag	pazartesi	понедельник	poniedziałek
Dienstag	salı	вторник	wtorek
Mittwoch	çarşamba	среда	środa
Donnerstag	perşembe	четверг	czwartek
Freitag	cuma	пятница	piątek
Samstag	cumartesi	суббота	sobota
Sonntag	pazar	воскресенье	niedziela

Wenn Eltern und Kinder kein Deutsch verstehen …

Für Erwachsene

Aktion Jugendschutz, Landesarbeits-stelle Bayern e.V. (Hrsg.):
Türöffner und Stolpersteine.
Elternarbeit mit türkischen Familien
als Beitrag zur Gewaltprävention.
München, 2005. (Zu bestellen unter:
www.bayern.jugendschutz.de/material-
dienst)

**Klein & Groß. Dolmetscher
für ErzieherInnen.** Cornelsen Verlag
Scriptor, 2006. ISBN 978-3-589-25282-4

Diederichs, Ulf (Hrsg.):
Wenn Väterchen Frost kommt.
Weihnachtsfreuden in Rußland.
Dtv, 2003. ISBN 978-3-423-20664-8

Diefenbach, Heike:
**Kinder und Jugendliche aus Migran-
tenfamilien im deutschen Bildungs-
system.** Erklärungen und empirische
Befunde. VS Verlag, 2007.
ISBN 978-3-531-15356-8

Fredericks, Anthony D./LeBlanc, Elaine P.:
So können Eltern lesen fördern.
30 Elternbriefe in Türkisch und
Deutsch mit Ideen, Spielen und Tipps.
10–13 J., Verlag an der Ruhr, 2007.
ISBN 978-3-8346-0278-7

Günther, Sybille:
Iftah ya simsim. Spielend den Orient
entdecken. Ökotopia Verlag, 1999.
ISBN 978-3-931902-46-9

Hund, Wolfgang:
Es geht auch ohne Worte.
Signalkarten für den Unterricht.
Kl. 1–4. Verlag an der Ruhr, 1999.
ISBN 978-3-86072-443-9

Kumbier, D./Schulz von Thun, F. (Hrsg.):
Interkulturelle Kommunikation.
Methoden, Modelle, Beispiele.
Rowohlt TB-Verlag, 2006.
ISBN 978-3-499-62096-6

Morgenthau, Lena:
Das hast du gut gemacht!
Urkunden und Mutmacher für jede
Gelegenheit. Kl. 1–5.
Verlag an der Ruhr, 2002.
ISBN 978-3-86072-704-1

Piel, Alexandra:
Sprache(n) lernen mit Methode.
170 Sprachspiele für den Deutsch-
und Fremdsprachenunterricht. Für alle
Altersstufen. Verlag an der Ruhr, 2002.
ISBN 978-3-8607-2740-9

Rou, Alexander:
**Väterchen Frost – Abenteuer im
Zauberwald.** Märchenfilm UdSSR,
1964. DVD EAN-Code: 4028951193721
ASIN: B0006PV93G

Schlösser, Elke:
**Zusammenarbeit mit Eltern –
interkulturell.** Informationen und
Methoden zur Kooperation mit
deutschen und zugewanderten Eltern
in Kindergarten, Grundschule und Fa-
milienbildung. Ökotopia Verlag, 2004.
ISBN 978-3-936286-39-7

*Ulich, M./Oberhuemer, P./Reidelhuber,
A. (Hrsg.):*
**Der Fuchs geht um ... auch
anderswo.** Ein multikulturelles
Spiel- und Arbeitsbuch.
Cornelsen Verlag Scriptor, 2005.
ISBN 978-3-589-25393-7

Für Kinder

**Mein erstes Wörter-Bilder-Buch
in 3 Sprachen.**
Ab 4 Jahren, OZ Verlag, 2004.
Deutsch-Englisch-Türkisch
ISBN 978-3-89858-277-3

Tworuschka, Monika und Udo:
Die Weltreligionen Kindern erklärt.
Gütersloher Verlagshaus, 2004.
ISBN 978-3-579-02206-2

Internet

www.aktuell.ru
Internetseite der deutsch-russischen
Nachrichtenagentur RUFO mit vielen
interessanten Informationen.

www.info-polen.com
Vielfältige Informationen zu Polen.
Empfehlenswert ist besonders die
Rubrik „Traditionen".

www.islam.de
Informative Seite zum Islam, z.B. Hin-
tergründe zur Befreiung muslimischer
Schüler vom Schwimmunterricht (vgl.
Yasin Alder).

www.nur-koran.de
Deutschsprachige Onlineübersetzung
des Korans in verschiedenen Übersetzungen.

www.oki-regensburg.de/feste.htm
Übersicht über christlich-orthodoxe
Feiertage auf der Homepage des Ost-
kirchlichen Instituts Regensburg.

www.raa.de
Website der „Regionalen Arbeitsstelle
zur Förderung von Kindern und Jugendlichen aus Zuwandererfamilien".
Seite mit Informationen und weiterführenden Links rund um das Thema Integration. Interessant: Der interkulturelle
Kalender mit dazugehörigen Tipps, wie
man Wünsche zu Festen anderer Kulturen überbringen kann.

www.religion-online.info
Informationsplattform des REMID
(Religionswissenschaftlicher Medien-
und Informationsdienst e.V.) in Magde-
burg. Informiert über verschiedene, in
Deutschland vertretene Religionen.

www.russland.ru
Deutschsprachige Internetzeitung mit
Informationen zu Russland und den
GUS-Staaten. Bietet z.B. auch eine Vo-
kabelliste zu wichtigen Wörtern an, die
dort auch vorgesprochen werden.

www.russlandjournal.de
Deutschsprachiges Internetjournal mit
Informationen, Sprachübungen und
Rezepten.

www.verlagruhr.de
Die in diesem Werk angegebenen Internetadressen haben wir geprüft (Stand
08/07). Da sich Internetadressen und
deren Inhalte schnell verändern können, ist nicht auszuschließen, dass unter einer Adresse inzwischen ein ganz
anderer Inhalt angeboten wird. Wir
können daher für die angegebenen
Internetseiten keine Verantwortung
übernehmen.

Postfach 10 22 51
45422 Mülheim an der Ruhr

Alexanderstraße 54
45472 Mülheim an der Ruhr

Telefon 02 08/495 04 900
Fax 02 08/495 04 295

bestellung@verlagruhr.de
www.verlagruhr.de

■ Signalkarten für den Englischunterricht

Classroom Phrases

Lena Morgenthau

5 – 10 J., A4, 30 Karten, vierfarbig + Begleitheft A4, banderoliert
ISBN 978-3-8346-0311-1
Best.-Nr. 60311
16,– € (D)/16,45 € (A)/28,– CHF

Erste Hilfe Schulalltag
■ Es geht auch ohne Worte

Signalkarten für den Unterricht

Wolfgang Hund

5 – 10 J., 40 S., A4, vierfarbig, banderoliert
ISBN 978-3-86072-443-9
Best.-Nr. 2443
16,– € (D)/16,45 € (A)/28,– CHF

■ Orientierung ohne Worte

Bildkarten für Stundenplan und Tagesablauf

Jens Kirschner, Sabine Treu

Kl. 1– 4, 46 S., A5 quer, 46 Karten, vierfarbig + Begleitheft A5, banderoliert
ISBN 978-3-86072-956-4
Best.-Nr. 2956
16,50 € (D)/17,– € (A)/28,90 CHF

Das kann ich schon – das lerne ich noch
■ Mein Könnerheft – Arbeits- und Sozialverhalten, Klasse 1/2

Lena Morgenthau

Kl. 1– 2, 26 S., A5 quer, Heft
ISBN 978-3-8346-0296-1
Best.-Nr. 60296
3,– € (D)/0,– € (A)/0,– CHF

Das kann ich schon – das lerne ich noch
■ Mein Könnerheft – Arbeits- und Sozialverhalten, Klasse 3/4

Lena Morgenthau

Kl. 3– 4, 26 S., A5 quer, Heft
ISBN 978-3-8346-0297-8
Best.-Nr. 60297
3,– € (D)/0,– € (A)/0,– CHF

■ Das Portfolio-Konzept in der Grundschule

Individualisiertes Lernen organisieren

Antje Bostelmann (Hrsg.)

Kl. 1– 4, 129 S., A4, Paperback, vierfarbig
ISBN 978-3-8346-0137-7
Best.-Nr. 60137
19,50 € (D)/20,– € (A)/34,20 CHF

■ KlassenlehrerIn sein

Das Handbuch. Strategien, Tipps, Praxishilfen

Kerstin Klein

Für alle Schulstufen, 174 S., 16 x 23 cm, Paperback, zweifarbig
ISBN 978-3-8346-0154-4
Best.-Nr. 60154
15,– € (D)/15,45 € (A)/26,50 CHF

■ Individuelle Entwicklungspläne

Schüler optimal begleiten und fördern – das schwedische Modell

Agneta Zetterström

Kl. 1– 10, 199 S., A4, Paperback, z.T. zweifarbig
ISBN 978-3-8346-0261-9
Best.-Nr. 60261
20,80 € (D)/21,40 € (A)/36,40 CHF

Unterricht • erfolgreich • gestalten

Verlag an der Ruhr

Postfach 10 22 51
45422 Mülheim an der Ruhr

Alexanderstraße 54
45472 Mülheim an der Ruhr

Telefon 02 08/495 04 900
Fax 02 08/495 04 295

bestellung@verlagruhr.de
www.verlagruhr.de

Fit für Vergleichsarbeiten
■ Trainingsaufgaben Deutsch Leseverständnis Klasse 3

Dorothea Karpinski
Kl. 3, 76 S., A4, Papphefter
ISBN 978-3-8346-0252-7
Best.-Nr. 60252
19,50 € (D)/20,– € (A)/34,20 CHF

Fit für Vergleichsarbeiten
■ Trainingsaufgaben Mathematik Klasse 3

Jutta Rodermond, Anja Rösgen,
Sabine Willmeroth
Kl. 3, 81 S., A4, Papphefter
ISBN 978-3-8346-0251-0
Best.-Nr. 60251
19,50 € (D)/20,– € (A)/34,20 CHF

■ Sachaufgaben verstehen

Kompetenzstufe 1
Karen J. Goldfluss, Mary Rosenberg,
Marcia Russell
Kl. 3–4, 122 S., A4, Paperback
ISBN 978-3-8346-0259-6
Best.-Nr. 60259
19,80 € (D)/20,35 € (A)/34,70 CHF

■ Sachaufgaben verstehen

Kompetenzstufe 2
Karen J. Goldfluss, Mary Rosenberg,
Marcia Russell
Kl. 3–4, 142 S., A4, Paperback
ISBN 978-3-8346-0258-9
Best.-Nr. 60258
19,80 € (D)/20,35 € (A)/34,70 CHF

Handwerkszeug Grammatik
■ Satzglieder

Astrid Grabe, Andrea Mucha
Kl. 3–4, 68 S., A4, Papphefter
ISBN 978-3-86072-959-5
Best.-Nr. 2959
18,50 € (D)/19,– € (A)/32,40 CHF

Handwerkszeug Grammatik
■ Zeitformen: Vergangenheit, Gegenwart, Zukunft

Astrid Grabe, Andrea Mucha
Kl. 3–4, 71 S., A4, Papphefter
ISBN 978-3-8346-0180-3
Best.-Nr. 60180
18,50 € (D)/19,– € (A)/32,40 CHF

Methoden-Schule Deutsch
■ Diktatformen, die Spaß machen

Anja Engelhardt
Kl. 2–4, 68 S., A4, Papphefter
ISBN 978-3-8346-0179-7
Best.-Nr. 60179
18,50 € (D)/19,– € (A)/32,40 CHF

■ Die Comic-Werkstatt

Ein Besuch bei Micky Maus
Birgit Brandenburg
Kl. 3–4, 58 S., A4, Papphefter,
inkl. 1 Micky Maus Magazin
ISBN 978-3-8346-0187-2
Best.-Nr. 60187
17,50 € (D)/18,– € (A)/30,70 CHF

Diagnostizieren • und • fördern